U0909764

晋商银行研究院学术文库·中小银行系列

中小银行小企业金融服务研究

上官永清 著

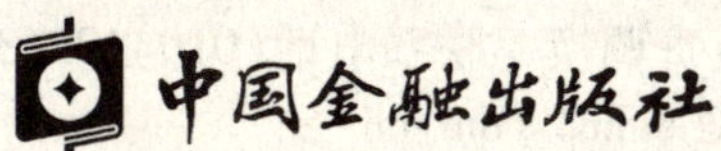

责任编辑：张　超　单翠霞
责任校对：张志文
责任印制：丁淮宾

图书在版编目（CIP）数据

中小银行小企业金融服务研究（Zhongxiao Yinhang Xiaoqiye Jinrong Fuwu Yanjiu）/上官永清著．—北京：中国金融出版社，2012.11
（晋商银行研究院学术文库·中小银行系列）
ISBN 978－7－5049－6758－9

Ⅰ．①中…　Ⅱ．①上…　Ⅲ．①商业银行—中小企业—金融—商业服务—研究—中国　Ⅳ．①F832.33

中国版本图书馆 CIP 数据核字（2013）第 015011 号

出版发行　中国金融出版社
社址　北京市丰台区益泽路 2 号
市场开发部　(010)63266347，63805472，63439533（传真）
网上书店　http：//www.chinafph.com
(010)63286832，63365686（传真）
读者服务部　(010)66070833，62568380
邮编　100071
经销　新华书店
印刷　保利达印务有限公司
装订　平阳装订厂
尺寸　169 毫米×239 毫米
印张　10.25
字数　172 千
版次　2012 年 11 月第 1 版
印次　2012 年 11 月第 1 次印刷
定价　28.00 元
ISBN 978－7－5049－6758－9/F.6318
如出现印装错误本社负责调换　联系电话(010)63263947
编辑部邮箱：jiaocaibu@yahoo.com.cn

前言

我国小企业已成为经济发展的重要引擎。目前，中小企业数量占全部企业的比例超过90%，提供的产品服务以及创造的价值占GDP的50%以上，税收占比近6成，对就业的贡献率高达80%。与之形成鲜明对比的是，小企业普遍存在融资难问题，小企业贷款占全部银行贷款的比重不足20%，只有15%的小企业能获得银行信贷支持，绝大多数小企业只能通过民间借贷完成融资。针对此问题，2012年召开的全国第四次金融工作会议明确提出商业银行要加大对小微企业的金融扶持力度，银行业监管部门也出台多项举措鼓励商业银行支持小微企业，这些政策充分表明：提升小微金融水平、支持小微企业发展是商业银行的重大机遇和重要使命。

近年来，我国商业银行小企业金融服务伴随着银行业发展不断深化、精细化、专业化。2005年，杭州银行引入澳洲联邦银行作为外资战略股东，在其协助下开发了小企业信贷标准化操作模式。同年，国家开发银行、包商银行引入德国IPC公司（国际项目咨询公司）的单人单户分析和交叉检验技术。2008年，中国银行、建设银行引入淡马锡集团的信贷工厂模式。同年，招商银行开启了中小企业金融业务的“专营机构时代”。2009年，民生银行推出专门针对小微企业客户、围绕“一圈两链”的特色产品——商贷通。2011年，小微金融债获准发行，拓宽了商业银行小微信贷资金来源渠道，进一步激发了商业银行发展小微企业业务的积极性。目前，小企业金融开始进入精细化服务阶段，优质客户争夺更趋激烈，交叉销售成重要手段，金融服务更加多样化。截至2011年末，我国金融机构中小企业贷款（含票据贴现）余额21.77万亿元，同比增长18.6%，中小企业新增贷款已占当年全部企业新增贷款的68%。

鉴于此，整理总结国内外商业银行小企业金融服务在组织架构、业务管理、信贷技术、营销策略、风险管理、人力资源管理、客户管理、产品设计等方面的经验做法，分析研究小企业金融服务的原理、关键点、应用策略，探讨中小银行小企业金融服务在各方面的模式选择和方案设计，对中小银行全面提升小企业金融服务水平、打造核心竞争力、更好支持小微企业发展具有重要意义。

本书在分析当前我国小企业金融的发展现状、所处环境、存在问题的基础上，分别从组织架构、业务管理、信贷技术、营销策略、风险管理、人力资源管理、客户管理、产品体系八个方面总结国内外先进银行的案例做法和发展经验，分析研究中小银行小企业金融服务模式的相关原理、关键环节、具体策略、方案设计等，探析中小银行构建具有竞争力的小企业金融服务体系的模式、重点和路径选择。

在上述研究的基础上，本文得出以下主要结论：

1. 小企业金融是中小银行的核心战略选择。小企业金融有助于中小银行差异化竞争、培育核心竞争力。

2. 组织架构方面，中小银行应明确小企业业务的事业部改革的战略方向。改革初期，转变原有的职能型组织架构，着力构建矩阵型准事业部制组织架构。中期，继续强化小企业业务条线的专业化经营管理能力。远期，实现小企业业务的标准事业部制架构。

3. 业务管理方面，中小银行小企业金融服务应借鉴“信贷工厂”模式经验，强化操作标准化、授信审批流程化、贷后管理集中化、信息搜集多元化，并以科技创新支撑业务管理改革，努力实现专业化、批量化和流程化管理。

4. 信贷技术方面，初期，中小银行可重点发展单人单户分析技术和交叉检验技术；中远期，积极完善客户信息管理，建设数据集中仓库和统计分析模型，在渐进模式下逐步推广客户评分法。

5. 营销策略方面，批量化、集群化营销模式是中小银行小企业业务的重要选择。发展初期，立足于挖掘本地专业化商圈市场，针对本地特色商品交易市场、商业街区实施重点的集群营销；中期，采取以点（专业市场）带线（产业链、供应链）策略；远期，采取以线（供应链、产业链）扩面（协作行业、相关行业）的营销策略。

6. 风险管理方面，中小银行小企业金融要突出行业组合风险分散管理和企业间风险分担转移，力求实现从“物质信用”到“人文信用”、从“单体风险管理”到“组合风险管理”、从“强调第二还款源”到“强调第一还款源”的三个转变。

7. 人力资源管理方面，小企业金融要完善人才队伍的专业化建设，在招聘标准的制定、培训内容的选择、考核指标的设定等方面突出区别化，建立具有较强激励约束作用的薪酬和考核体系。

8. 客户管理方面，中小银行要从行业、企业两个维度明确目标客户定位，实施差异化的客户服务，突出对客户服务的全流程管理，并着力构建以信义关系为代表的客户关系。

9. 产品体系方面，小企业金融产品设计要契合小企业集群化发展特点，要符合小企业所处发展阶段特征，突出担保方式的多样化，并强化综合化金融服务体系的建设。

前人的研究成果给了我丰富的知识给养，我所任职的单位——晋商银行是我对本书进行持续思考和研究的原动力，与同事们之间一次次的讨论给了我诸多启迪，我行研究院王君同志在资料搜集、书稿修改和校对等方面做了很多工作，中国金融出版社王效端主任和责任编辑张超同志在书稿审阅、修改和出版方面付出了辛勤劳动，在此，对他们的帮助致以诚挚的谢意！

限于水平所限，加上时间仓促，书中难免有不妥之处，敬请读者和专家赐教。

上官永清

2012 年 9 月于太原

目 录

Contents

1

小企业金融的现状、问题与环境分析

1.1 小企业金融定义和特征

一般来讲，小企业金融是指由商业性金融机构按照商业可持续原则为小型微型企业提供的各类金融服务。其中，融资服务占主导。

小企业金融是商业银行的重要战略选择。从服务对象看，小企业金融属于公司金融范畴，但相比于大中型企业，小型微型企业具有更庞大的客户数量，但能获取的金融服务远远不足，金融服务供需缺口巨大，因此，小企业金融多被商业银行视为差异化竞争的重要“蓝海”。

1.1.1 小企业定义

小企业金融的服务对象是小企业。所谓小企业，按照工业和信息化部、国家统计局、国家发展和改革委员会、财政部四部委于2011年6月18日印发的《关于印发中小企业划型标准规定的通知》（工信部联企业〔2011〕300号），可将小企业定义如表1－1所示。

表1－1　小微型企业划分标准

行业名称	指标名称	计量单位	小型企业	微型企业
农、林、牧、渔业	营业收入（Y）	万元	50≤Y<500	Y<50
工业	从业人员（X）	人	20≤X<300	X<20
	营业收入（Y）	万元	300≤Y<2 000	Y<300

续表

行业名称	指标名称	计量单位	小型企业	微型企业
建筑业	营业收入（Y）	万元	300≤Y＜6 000	Y＜300
	资产总额（Z）	万元	300≤Z＜5 000	Z＜300
批发业	从业人员（X）	人	5≤X＜20	X＜5
	营业收入（Y）	万元	1 000≤Y＜5 000	Y＜1 000
零售业	从业人员（X）	人	10≤X＜50	X＜10
	营业收入（Y）	万元	100≤Y＜500	Y＜100
交通运输业	从业人员（X）	人	20≤X＜300	X＜20
	营业收入（Y）	万元	200≤Y＜3 000	Y＜200
仓储业	从业人员（X）	人	20≤X＜100	X＜20
	营业收入（Y）	万元	100≤Y＜1 000	Y＜100
邮政业	从业人员（X）	人	20≤X＜300	X＜20
	营业收入（Y）	万元	100≤Y＜2 000	Y＜100
住宿业	从业人员（X）	人	10≤X＜100	X＜10
	营业收入（Y）	万元	100≤Y＜2 000	Y＜100
餐饮业	从业人员（X）	人	10≤X＜100	X＜10
	营业收入（Y）	万元	100≤Y＜2 000	Y＜100
信息传输业	从业人员（X）	人	10≤X＜100	X＜10
	营业收入（Y）	万元	100≤Y＜1 000	Y＜100
软件和信息技术服务业	从业人员（X）	人	10≤X＜100	X＜10
	营业收入（Y）	万元	50≤Y＜1 000	Y＜50
房地产开发经营	营业收入（Y）	万元	100≤Y＜1 000	Y＜100
	资产总额（Z）	万元	2 000≤Z＜5 000	Z＜2 000
物业管理	从业人员（X）	人	100≤X＜300	X＜100
	营业收入（Y）	万元	500≤Y＜3 000	Y＜500
租赁和商务服务业	从业人员（X）	人	10≤X＜100	X＜10
	营业收入（Y）	万元	100≤Y＜8 000	Y＜100
其他未列明行业	从业人员（X）	人	10≤X＜100	X＜10

资料来源：《关于印发中小企业划型标准规定的通知》（工信部联企业〔2011〕300 号）。

从表 1－1 可看出，四部委对小型微型企业的界定主要依据从业人员数、营业收入、资产总额等“量”的标准。

2007 年 6 月 29 日，中国银监会发布了《银行开展小企业授信工作指导意见》（银监发〔2007〕53 号），从授信额度和企业规模两个角度规定了小企业的界定标准：单户授信总额500万元（含）以下和企业资产总额1 000万元（含）以下，单户授信总额500万元（含）以下和企业年销售额3 000万元（含）以下的企业、各类从事经营活动的法人组织和个体经营户。该指导意见中的授信泛指各类贷款、贸易融资、贴现、保理、贷款承诺、保证、信用证、票据承兑等表内外授信和融资业务。

据统计，到2010年，全国小企业工商登记企业有1 030万户，此外，加上尚未纳入官方统计口径的超过3 000万的个体工商户，共同构成了我国小企业群体。这个群体解决了80%以上的城镇就业岗位。

1.1.2 小企业金融服务总体特征

从广义范围定义，小企业金融范围囊括小企业所需的各类金融服务，如存贷款、支付结算、保险、保证、财富管理、财务咨询、资产证券化等各类金融服务，从狭义范围看，小企业金融核心业务是融资业务。小企业金融服务具有区别于其他金融服务的重要特征。

第一，在服务对象上，小企业金融支持的是"金融服务的弱势群体"。小企业普遍规模较小，可提供的抵押担保少，加之信息不对称程度高、经营相对不规范，融资需求又具有"小、急、频"的特点，商业银行获取小企业硬信息[①]的难度较高，搜集和处理信息的成本较高，因此，商业银行提供金融服务的积极性较弱。但是小企业在国民经济中发挥着重要作用，对就业、税收、创新、经济增长具有重要贡献，同时多数小企业具备承担金融服务成本的能力，却因为金融体制的不完善，受到金融机构的区别对待，金融服务需求很难满足，因此是"金融服务的弱势群体"。

第二，在服务目的上，小企业金融主要服务于小型微型企业的发展。小型微型企业进入成长期和成熟期后，需要大量资金注入，而自身积累有限，因此商业银行提供的资金支持可以起到推动小企业快速发展、成长壮大的重要作用。相比于天使基金、风险投资基金，商业银行的谨慎偏好决定了小企业融资应具有稳定的回报和相对较小的风险，孵育期、衰退期的小企业并非服务对象。

第三，在服务效应上，小企业金融具有经济效应和社会效应双重属性。商业银行提供的小企业金融服务不同于政策性金融机构贷款，也不同于扶贫贷

① 硬信息，即企业财务报表等客观的、易于观察、传递和验证的信息。

款，它依据的是商业性原则，讲究服务成本和收益，要求获得经济价值；同时，小企业群体的特殊地位决定了其发展好坏对我国经济增长、社会稳定具有重要作用，商业银行做好小企业金融服务，支持小企业发展，其实也是履行社会责任、服务社会发展的重要内容，具有良好的社会效应。

1.2 现状分析

宏观层面，近年来中国人民银行、中国银监会、国家发展和改革委员会等部门认真贯彻落实党中央国务院关于支持小企业发展的精神，科学灵活地运用货币政策工具，加强宏观信贷政策指导，实施小企业金融服务差异化监管政策，积极推进金融体制改革，大力推进金融产品创新，培育发展新型小金融机构，在此作用下，金融体系支持中小企业，尤其是小企业的力度明显加大。

微观层面，各家商业银行普遍将小企业金融作为差异化、特色化发展的重要内容。依照中国银监会出台的“六项机制”，加快小企业金融的各项体制机制建设，加大对小企业金融的人力、财务、信贷规模等资源支持，取得了积极效果，小企业“融资难”问题有所改善。

1.2.1 总体状况

我国小企业金融服务总体状况明显改善。截至2011年末，银行类金融机构小企业贷款余额10.8万亿元，是2008年末的2.45倍，占全部贷款余额的19.6%，余额同比增长25.8%，比全部贷款平均增速高10个百分点；全年新增贷款2.2万亿元，占全部企业新增贷款的39.2%①。在金融机构企业人民币贷款余额中，小型企业贷款占比已由2008年的21%、2009年的22%、2010年的24%，上升到2011年前三个季度的30%。小企业贷款余额、占比和增速均呈明显上升态势，信贷支持小企业的力度持续加大。

横向对比看，我国小企业金融可获得性接近发达国家的平均水平，明显高于新兴经济体国家水平。根据国际金融公司在2010年9月G20集团首尔会议上提交的《提升发展中国家中小企业金融服务可获得性》报告，2009年底新

① 数据来源于《中国银行业监督管理委员会2011年报》。

兴经济体正式注册登记的中小企业中，从正规金融机构获得过融资的比例为45%~55%，如果加上未注册登记的小、微企业，这一比例为10%~15%。从我国情况看，据中国人民银行征信系统的数据显示，2010年底，与金融机构发生过信贷关系的中小企业数量为800万家，占注册登记中小企业总数的70%。如果将登记的个体工商户计算在内，我国约有4 400万户小企业，这一比例为18%，这两个比例均明显高于新兴经济体。

1.2.2 竞争格局

自2007年以来，我国小企业金融服务领域呈现竞争主体不断增多、竞争内容不断深化、竞争模式不断多元化、目标市场不断细分的总体局面。

竞争主体不断增多。目前，商业银行加大了小企业业务的资源配置，国有商业银行、股份制银行、城市商业银行在小企业金融市场中的竞争日趋白热化。从增速看，各种类型商业银行小企业金融业务均呈现快速增长的态势。工、农、中、建、交五大商业银行全面组建小企业专营机构，在综合经营计划中对小企业贷款规模进行单列，并实施专项监测和严格管理，确保专项规模用于小企业贷款投放，努力做到对中小企业的贷款增速高于平均贷款增速。

竞争内容不断深化。首先，小企业金融服务的种类不断扩展，从最初的流动资金贷款、固定资产贷款到贸易融资、保理，再到中小企业集合票据承销、短期融资券发行，服务种类大为扩展。其次，小企业金融服务的技术含量不断提高。从一般性的支付结算、代理服务、贷款逐步更新到信用保证、财富管理、资产管理、财务咨询等中间业务，技术含量水平不断提升。最后，小企业金融服务进入"以质取胜"阶段。在服务可得性提高后，服务方案的效率、量身定制、专业性、综合化等要素更多成为客户选择的考量因素，"质"的要求普遍提高。

竞争模式不断多元化。营销模式方面，各家商业银行创新发展了多种营销模式，既有包商银行实施的单户营销、单户调查分析的传统对公业务精细化营销方法，也有类似于民生银行集中于"一圈两链"（商圈、产业链、供应链）的集群营销模式。产品方面，各家商业银行普遍创新小企业金融产品种类，完善产品体系。自2005年以来，多家银行推出了自己的特色化产品，如民生银行的"商贷通"产品、华夏银行的"龙舟计划"系列产品等。在业务管理方面，多家银行探索了"信贷工厂"模式，初步实现了小微金融服务的专业化、流程化和精细化。

目标市场不断细分。尽管小企业金融服务的客户群体庞大，行业、区域分布较广，但各家商业银行已逐渐走出“广泛撒网”的扩张初级阶段，更多的是集中主要资源服务特定市场、行业或区域。比如，北京银行针对文化产业的小企业设计专门服务模式，取得良好效果；汉口银行提出了服务“科技型小企业”的一整套方法。

1.2.3 发展动向

从目前我国小企业金融发展动向看，业务专营化、服务专业化、流程高效化、客户规模化、营销集群化是重要趋势。

业务专营化。从小企业金融实践看，商业银行致力于加快小微业务的专营化，一是设立专门机构，对于“在行式”小企业专营机构的，其总行应相应设立单独的管理部门。在中国银监会出台《银行建立中小企业金融服务专营机构的指导意见》后，商业银行掀起了一场专营机构设立的热潮，泉州商业银行的小企业信贷部、南京银行的小企业金融部、吉林银行的中小企业部、孝感市商业银行的微小企业贷款中心、天津银行的小企业金融服务中心等相继挂牌成立。二是单列信贷计划。各家商业银行在全年信贷计划总额中单独分配一部分作为小企业专项信贷计划，支持符合条件的小企业的贷款需求。三是专门设置服务网点，小企业专营机构延伸服务网点，对于小企业贷款余额占企业贷款余额达到一定比例的商业银行，支持其在机构规划内筹建多家专营机构网点。其他还包括小企业业务单独配置人力和财务资源、单独客户认定与信贷评审、单独会计核算等。

服务专业化。各家商业银行注重加大针对小企业的行业、上下游研究，通过设置行业营销小组，配置行业研究人员，吸纳行业专家作为专职审批人，专业行业贷后管理等方式，不断提升小企业金融服务的专业化水平，同时更好地管控行业风险，前瞻把握行业发展动态，了解行业技术创新，增强营销方案的针对性和授信审批的科学性。

流程高效化。通过建立标准化、流程化、体系化的小企业金融业务管理体系，辅之以细化分解的职责分工、责任考核、协调协作等保障措施和适当合理的授权分权，减少不必要环节，提高报告质量和信息传递速度，在有效风险控制的前提下全面提升调查、审查、审批、放款核准、贷后管理等全套流程的效率，实现流程高效化，打造小企业金融服务的“绿色通道”。

客户规模化。小企业金融区别于大企业业务“客户数量少、要求高和精细化管理”的特点，更多的是要依靠规模化扩张方式实现管理成本的分摊和组合风险的分散，实现规模效益，而从客户和市场角度看，小企业金融服务的受众群普遍、行业分布广、市场空白大，因此，越来越多的商业银行重视小企业客户数量的快速增长，快速占领市场，掌握先发优势，走“以量取胜”路径。

营销集群化。各家商业银行在小企业业务拓展进程中，已不满足于单个客户的个体营销，更多地采用集群化营销模式。通过对产业链、供应链、商会、开发区、市场、行业组织的重点开发，快速导入大规模客户群，专门设计集群类专项产品，定制专门方案，实现以较少人力、财力投入获取大量客户，同时提高专业能力，培育稳定客户，发展潜在客户，实现集群化营销。

1.3　问题分析

1.3.1　总量上，小企业金融服务供给远不能满足小企业需求

截至2011年末，金融机构全部贷款余额54.8万亿元，其中小企业贷款余额10.8万亿元，占全部贷款的19.6%；小企业贷款余额较上年同期增长25.8%，比全部贷款平均增速高10个百分点。尽管我国商业银行的小企业金融服务取得较大进展，但从总量上看，小企业金融服务供给远不能满足小企业需求。相对于小企业高达90%以上的数量占比、80%的就业占比、60%的税收占比，小企业贷款余额占比不到20%，显著偏低，多达85%的小企业难以获得银行信贷支持，多数的小企业只能通过民间借贷完成融资。

1.3.2　结构上，商业银行小企业金融服务特征难以与小企业发展特征匹配

从结构上看，小企业金融服务特征难以与小企业发展特征匹配，表现为发展阶段的不匹配、组织架构的不匹配、信息处理的不匹配和业务管理的不匹配。

从发展阶段看，商业银行小企业金融服务缺乏针对小企业发展阶段的服务

体系建设。当小企业处在初创期、成长期阶段，金融服务需求主要集中在信贷需求方面，逐步发展之后，资产管理、现金管理、投资银行、财务咨询等业务需求逐步产生，金融服务需求进一步丰富。但目前，商业银行提供的小企业金融服务主要集中在信贷服务，缺乏针对小企业发展阶段的整体金融服务方案设计。

商业银行组织架构上的多层级、集权化与小企业关系型融资特征不匹配。商业银行多是三级、四级组织架构，同时主要权力集中在总行，而与小企业接触最为紧密的基层支行仅有极小的授权或者没有授权，在另一方面，小企业融资区别于大企业融资，小企业可估量的资产少，财务报表真实性差，小企业融资中资信判断、方案设计、风险把控主要依赖银行基层行人员与客户企业的多次互动和关系建立，了解掌握企业经营状况的真实隐性信息，更多依靠地缘、血缘、人缘的关系进行营销，这就需要商业银行决策链条短，基层授权大。但多数商业银行尤其是国有商业银行多层级、集权化的组织架构很难满足此要求。

商业银行多层级的复杂信息处理与小企业的软信息特征不匹配。商业银行授信审批、风险管理的核心在于信息的真实性、完整性。大企业富有硬信息（即企业财务报表等客观的、易于观察、传递和验证的信息），小企业富有软信息（即企业主信誉状况、品德等主观的、相对不易观察、传递和验证的信息），软信息的获得是通过走访企业的上下游客户、探访企业主要相关部门，询问企业经营者、股东等渠道搜集。在多层级的组织架构中，由于软信息容易在传递过程中流失，且不易验证，基层员工搜集传递软信息的激励不足，而更偏好搜集传递硬信息。这与小企业富有软信息的特征不匹配。

商业银行的单体化管理与小企业组合营销不匹配。传统对公业务中，风险管理模式是单体的、精细化的业务管理模式，通过对单一授信客户的走访调查、授信审查和定期贷后回访检查来开展业务和控制风险，在此过程中，讲究精细化、单一化。而小企业信贷出于控制成本、规模效益和组合风险管理的考虑，更多采用组合营销的方法，多借助联保互保、商会市场、供应链、产业链、园区平台等方式进行组合营销和管理。相对应，判断小企业风险应更多处于对这个客户组合风险的考量，这就要求商业银行在“三查”过程中要突出组合管理，要善于分析上下游企业、行业、市场的内在关系和整体性风险，这与传统的单一营销、单一管理模式存在一定矛盾。

1.4 环境分析

1.4.1 经济金融形势要求商业银行加大支持小企业

1. 商业银行加大支持小企业是金融服务实体经济的内在要求

中小企业在实体经济发展中日益重要。目前，我国中小企业已达4 200万户（包括个体工商户），占企业总数的99%以上，成为我国经济、社会发展中的重要力量。主要表现在以下几方面：一是对经济增长的贡献越来越大。目前，中小企业创造的最终产品和服务价值相当于国内生产总值的60%左右，上缴税收为国家税收总额的50%左右。二是成为扩大就业的主渠道。中小企业提供了75%以上的城镇就业岗位。国有企业下岗职工、农民工绝大部分在中小企业实现了就业。中小企业也开始成为一些高校毕业生就业的重要渠道。三是技术创新的生力军。目前，我国65%的发明专利、80%以上的新产品开发，都是由中小企业完成。在许多领域，中小企业的创新都十分活跃。四是促进了经济结构的调整和优化。不少中小企业已经从早期的加工、贸易等领域，向基础设施、高新技术等领域拓展，有些地区中小企业形成了产业集群，不断推动产业结构的优化升级。五是中小企业对外开放水平也在不断提高。据统计，中小企业在服装、纺织品、玩具等家居用品及轻工制品等劳动密集型产品的出口占相当大比重；在电子通信设备产品、生物技术等高技术领域，中小企业出口比重也逐步提高。

金融是经济的核心，金融发展应始终定位于服务实体经济发展。银行业作为金融业核心和主体，与实体经济相互依存、互利共赢。银行业是服务实体经济的主力，而实体经济也是银行业发展的基础，二者相互依存、相互促进、互利共赢。为现代实体经济发展创造更加良好的金融生态环境，更好地服务民生改善和社会和谐稳定，更好地促进经济结构调整和经济发展方式转变，是中国银行业肩负的根本使命。

中小企业是实体经济发展的主力军，商业银行加大支持中小企业是金融服务实体经济的内在要求。更好地支持中小企业，有助于我国经济结构的改善，经济发展方式的转变和人民生活水平的提高。

2. 金融脱媒化使得商业银行客户定位不断下移

金融脱媒化趋势愈加明显，企业客户纷纷选择通过金融市场融资。初步统计，2011 年社会融资规模达 12.83 万亿元，其中，人民币贷款仅增加 7.47 万亿元，同比少增 3 901 亿元，而企业债券净融资达 1.37 万亿元，同比多 2 595 亿元，非金融企业境内股票融资 4 377 亿元，信托贷款 2 013 亿元，从增速看，社会融资规模中人民币贷款增速已低于企业债券融资。从结构看，债券融资等在配置资金中的作用明显增强。一是债券融资在社会融资总量中的占比显著提升。企业债券净融资占同期社会融资规模的 10.6%，为历史最高水平，同比上升 2.7 个百分点。二是非银行金融机构对实体经济支持力度明显加大。全年保险公司赔偿和小额贷款公司与贷款公司新增贷款合计 4 392 亿元，明显高于上年①。

商业银行客户定位下移成重要选择。面对金融脱媒化的趋势，商业银行纷纷降低在大企业贷款上的投放，转而主攻中小企业市场。但随着经济下滑压力加大，企业对贷款需求不太旺盛，此时银行议价能力减弱，也有助于优质企业在贷款议价中将资金价格谈至下限。一方面，这样可以有效提高资金收益率；另一方面，还可以争夺客户市场，培育忠诚客户，为后续竞争提供动力。大型、特大型企业脱媒之势不可阻挡。由于目前商业银行激烈争夺的公司大客户大多数属于上市公司，具有更多的直接融资渠道，对银行贷款融资的需求下降，加之大客户市场竞争激烈，贷款处于买方定价的状况，银行贷款净利差大幅收窄，盈利能力下降。

3. 利率市场化促使商业银行主动服务中小企业客户

利率市场化将进一步压缩商业银行利差空间。2012 年 6 月 7 日，中央银行宣布，从 2012 年 6 月 8 日起下调金融机构人民币存贷款基准利率，并进一步扩大了存贷款利率的浮动区间。这是中国人民银行 2010 年 10 月份以来连续五次加息之后的首次降息，同时也是 2004 年 10 月份宣布“放开存款利率下限和贷款利率上限”以来，利率市场化改革领域迈出的最大步伐。从国外经验看，利率市场化将直接压缩商业银行利差空间。此前，中国银行国际金融研究所对工、农、中、建四大行测算，结果显示，如果利率市场化完全实现，四大行整体的利息净收入可能会比 2010 年下降近一半。

相比大企业贷款，商业银行小企业贷款具有较高的收益水平。通常，大企

① 中国人民银行：《2011 年第四季度中国货币政策执行报告》，第 9 页。

业贷款利率为基准利率，甚至有下浮，而小企业贷款利率普遍上浮 20% ~ 50%，如果不考虑中间业务收入、派生存款和信贷投放成本，小企业贷款收益水平远高于大企业，因此利率市场化后，商业银行为了获取更大利润，将会把更多信贷资源配置在小企业客户上，更加主动服务小企业客户。

4. 加大支持小企业是商业银行履行社会责任的重要内容

随着国民经济发展阶段的逐步提升，社会各界对银行的社会责任日益重视，银行在实现效益、质量、规模协调发展的同时，还必须切实履行相应的社会责任，提升品牌价值。小企业是推动国民经济发展、构造多元化市场经济主体、促进社会稳定、缓解就业压力的重要力量。要使我国经济结构根本性调整，需要小企业有更快、更大的发展。长期以来，小企业信贷需求旺盛，而银行给小企业的贷款只相当于同期国企贷款额的 2% 左右。小企业由于融资受限而难以发展壮大，由此导致全国每年损失就业机会大约在 800 万个左右。在有效控制风险的前提下，加大对小企业的金融支持力度，是商业银行履行社会责任，密切银政关系，树立良好社会形象的要求。

1.4.2　中央经济政策、监管政策鼓励商业银行做好小企业金融服务

1. 国务院出台相关政策支持小企业金融

2011 年 11 月 12 日召开的国务院常务会议，研究确定了一系列金融支持小型、微型企业发展的政策措施，在清理纠正金融服务不合理收费，拓宽小型、微型企业融资渠道之外，还特意提出要在规范管理、防范风险基础上促进民间借贷健康发展。会议还研究确定了财税支持小型、微型企业发展的政策措施，加大对小型、微型企业税收扶持力度，支持金融机构加强对小型、微型企业的金融服务，扩大中小企业专项资金规模，更多运用间接方式扶持小型、微型企业。

会议明确要求商业银行加大对小型、微型企业的信贷支持。银行业金融机构对小型、微型企业贷款的增速不低于全部贷款平均增速，增量高于上年同期水平，对达到要求的小金融机构继续执行较低存款准备金率。商业银行重点加大对单户授信 500 万元以下的小型、微型企业的信贷支持。加强贷款监管和最终用户监测，确保用于小型、微型企业正常的生产经营。

会议要求银行业监管部门细化对小型、微型企业金融服务的差异化监管政策。对小型、微型企业贷款余额和客户数量超过一定比例的商业银行放宽机构准入限制，允许其批量筹建同城支行和专营机构网点。对商业银行发行金融债

所对应的单户500万元以下的小型、微型企业贷款，在计算存贷比时可不纳入考核范围。允许商业银行将单户授信500万元以下的小型、微型企业贷款视同零售贷款计算风险权重，降低资本占用。适当提高对小型、微型企业贷款不良率的容忍度。

2. 银行业监管政策鼓励商业银行改进小企业金融服务

2011年，中国银行业监督管理委员会明确设立改进小企业金融服务的具体目标，提出了小企业金融服务的“两个不低于”，即“小企业贷款增速不低于全部贷款平均增速、增量不低于上年同期增量”，充分显示了银行业监管部门对商业银行小企业金融服务的重视。

近年来，中国银监会连续发布多项引导政策以鼓励商业银行从组织架构、体制机制等方面完善小微金融服务，如《中国银监会关于支持商业银行进一步改进小企业金融服务的通知》（银监发〔2011〕59号），引导商业银行继续深化“六项机制”（利率的风险定价机制、独立核算机制、高效的贷款审批机制、激励约束机制、专业化的人员培训机制、违约信息通报机制），按照“四单”原则（小企业专营机构单列信贷计划、单独配置人力和财务资源、单独客户认定与信贷评审、单独会计核算），进一步加大对小企业业务条线的管理建设及资源配置力度，满足符合条件的小企业的贷款需求，努力实现小企业信贷投放增速不低于全部贷款平均增速。

银监会发布鼓励商业银行改善小企业金融服务的激励措施。2011年5月25日，中国银监会正式发布《关于支持商业银行进一步改进小企业金融服务的通知》（银监发〔2011〕59号），从机构准入、发行专项金融债、计算贷款风险权重、贷款不良率容忍度等方面制定了多条激励政策。具体包括：鼓励和支持商业银行进一步扩大小型、微型企业金融服务网点覆盖面，将小企业金融服务专营机构向社区、县域和大的集镇等基层延伸；支持商业银行发行专项用于小型、微型企业贷款的金融债；对符合相关条件的小型、微型企业贷款，根据《商业银行资本管理办法（试行）》相关规定，在权重法下适用75%的优惠风险权重，在内部评级法下比照零售贷款适用优惠的资本监管要求；对商业银行小型、微型企业贷款不良率执行差异化的考核标准，根据各行实际平均不良率适当放宽对小型、微型企业贷款不良率的容忍度；等等。

1.5 小企业金融是中小银行发展的战略选择

1.5.1 小企业金融有助于中小银行差异化竞争

长期以来，各家商业银行对小企业金融不热衷，商业银行对小企业融资并没有给予特别政策和照顾，在内部组织架构、管理模式、流程制度方面并无特别设计，人员财物上无特殊倾斜，因此，小企业在与大企业竞争商业银行资金时处于明显劣势地位，小企业金融市场处于严重“供不应求”的状况。在此背景下，近年来，部分商业银行特别是中小商业银行明确提出将发展小企业金融业务作为自身发展的战略选择。如民生银行坚持定位“做民营企业银行，做中小企业银行”，招商银行始终坚持发展中小企业金融业务的战略，大连银行提出“小企业业务的发展牵涉到大连银行的生死”，包商银行提出全力打造独具特色的小企业和微小企业金融平台，宁波银行提出发展目标是“领先的中小企业银行”等。

小企业金融是商业银行的重要战略选择。从服务对象看，小企业金融属于公司金融范畴，但相比于大中型企业，小型、微型企业具有更庞大的客户数量，但能获取的金融服务远远不足，金融服务供需缺口巨大，因此，小企业金融多被商业银行视为差异化竞争的重要“蓝海”。从价格看，小企业可支付的金融服务价格（利率、中间业务费用等）普遍高于大中型企业，商业银行回报率较高，商业银行发展此业务的积极性较高。

发展小企业业务是中小商业银行差异化竞争的重要抓手。在我国直接融资发展迅速、商业银行同质化竞争的大背景下，大中企业的融资选择面大大拓展，商业银行特别是中小银行的议价力大为削弱，大中企业业务发展困难。相反，小企业的金融服务需求远远没有得到满足，市场发展空间巨大，是商业银行业务发展的重要“蓝海”。中小商业银行加快发展小企业业务，有助于抢占市场，调整目前过于依赖大中企业的客户结构，降低客户集中度，为利率市场化后的更激烈竞争做好准备。

1.5.2 小企业金融有助于中小银行培育核心竞争力

以城市商业银行为代表的中小商业银行立足于服务于本地中小企业，容易发挥决策链条短的效率优势。中小商业银行经营区域集中，组织层级较少，决策执行链条短，相比于大银行层层审批具有明显的效率优势。而中小企业融资需求“小、急”的特征恰好适合中小银行发挥效率优势，有助于提升中小银行的市场占有率。另外，中小企业虽然规模小，贷款额度不高，但与银行的业务来往较为频繁，出于降低交通和时间等成本的考虑，中小企业往往也会选择中小商业银行为其提供服务。

中小商业银行服务于本地中小企业具有比较信息优势。商业银行信贷决策依赖于两类信息：硬信息，即企业财务报表等客观的、易于观察传递验证的信息；软信息，即关于企业家的经营能力、个人品质、市场环境等信息。软信息需要贷款者与借款者长期密切接触，建立紧密关系获取，难以向他人传递和验证。一般来说，大企业硬信息完整，中小企业则多数为软信息。因此，在为中小企业服务时，大银行复杂的组织架构不利于软信息的搜集和传递，很难克服信息不对称问题，缺乏服务于中小企业的动力。相反，中小商业银行与本地小型、微型企业具有相同的地域文化和人缘背景，更容易建立良好的信任关系，更容易获取本地中小企业的真实信息，降低信贷风险，基于这种信息优势的关系型信贷使得中小商业银行在小企业业务这一细分市场具有比较优势。

2

中小银行小企业金融的组织架构研究

所谓组织架构，是指企业组织的基本框架，是为实现其经营战略目标而确定的内部权力、责任、控制和协调关系的形式。它既涉及企业内部部门之间、岗位之间以及员工之间的相互关系，也涉及企业内部的决策和控制系统。商业银行小企业金融的组织架构作为业务营销、管理的基础，对小企业金融服务的效果有直接影响。本章重点探讨商业银行开展小企业金融服务普遍采用的三种组织架构模式，即事业部制、特色分支行试点模式、传统职能型模式，分析其原理、内容、应用重点等，并对中小银行采取何种小企业金融组织架构模式提出相关建议。

2.1 事业部制

2.1.1 原理、兴起与发展

事业部制又称分权组织，或部门化结构，或M形结构（Multidivisional Structure），简称M－form。它的特点是把组织的生产经营活动按照产品种类、地区或客户分成若干个事业部，实行集中指导下的分散经营。各事业部是一个相对独立的生产经营单位，有自己的产品和市场，实行独立核算。各事业部内部设有相对完整的职能部门，负责事业部的采购、生产、销售、财务、人力等各项职能。事业部在总公司最高决策层的授权下享有一定的投资权限，是具有较大经营自主权的利润中心。

事业部制结构最早起源于20世纪20年代初。时任通用汽车公司常务副总经理的斯隆参考了杜邦化学公司的经验，创造性地以事业部制的形式对通用汽车公司原有组织进行改组，使公司的整合与发展获得了较大成功，成为实行事业部制的典型，因而事业部制又称“斯隆模型”。同期，日本“经营之神”松下幸之助也在松下公司采用了事业部制，这种管理架构在当时被视为划时代的机构改革，与“终身雇佣制”“年功序列”并称为松下制胜的“三大法宝”。到90年代早期，几乎所有的发达国家多元化大型企业都采用了事业部制的组织结构。同样，在中国，越来越多的中国企业采用了事业部制。

事业部制的原理就是企业采取大幅度地向各事业部授予决策权限，在整个企业边界范围内引进市场价格体系，通过市场价格的自动调节，谋求事业部之间的良性竞争和互动协调。事业部组织架构遵循“政策制定与具体经营分开、集中管理与分散经营相结合”的原则，总公司负责研究和制定公司的各种政策，掌握组织的决策权和核心权力，如事业部领导人事任免、对外投资等，各个事业部在总公司制定的政策和控制下进行自主经营，发挥自己的主动性，设定必要职能部门，参与市场竞争。

事业部制组织架构下，集团最高层（或总部）只掌握重大问题决策权，能从日常生产经营活动中解放出来，提高公司最高管理层的决策效率；各事业部自主经营，提高了生产经营的积极性和主动性，此外，各事业部可根据市场变化作出及时、灵活调整，提高效率。由于各事业部实行独立核算，自负盈亏，总部可根据各事业部经营业绩对不同产品、区域进行考核，合理调整生产要素分配和经营方向。

国外学者从不同角度对事业部制的合理性进行了经济理论分析。Williamson（1975，1980）从交易费用的视角对事业部制进行了创新性研究，提出采用事业部制（M－form）结构的组织比一元结构（即职能部制，U－form）的组织降低了企业内部的交易成本。其中一个关键的原因是：事业部制结构允许大多数的高级执行者集中关注于高层次的问题，而不是每天的一些业务细节，这样使得整体的功效大于部分之和。他认为事业部制之所以大量存在是因为其为企业引入了内部资本市场机制，以替代“失灵”的外部资本市场，从而能够有效地降低交易费用并使交易费用最小化。因此，事业部制是有效率的组织结构形式①。部分学者提出的规模效率理论，认为企业存在扩大规模、提升市

① 宋旭琴：《事业部制结构的起源与发展研究》，载《商业研究》，2006（21）。

场份额的天然冲动，为避免规模不经济，大企业采用事业部制可以通过人为切割，保证在相对独立的事业部内部实现规模经济，解决规模与效率间的矛盾，同时，企业总部又能保持对不同事业部的最终决策权和控制权①。

2.1.2 国内外商业银行的事业部制改革实践

国内外商业银行在最初发展时期普遍采取科层型组织结构（见图2-1），其后逐步转变为职能型组织架构（见图2-2），职能型组织架构初步实现了整个组织的纵向分割，提升了条线的专业性，实现了决策权的集中，强化了总行控制，但经营管理以分行（块块）为主的格局并未改变，在此模式下，各职能部门对下级部门只进行业务指导（虚线），分行负责人依然集行政管理权与业务管理权于一身，总行对分行下达经营指标和绩效考核也以分行整体为单位，分行既是成本中心，也是利润中心。

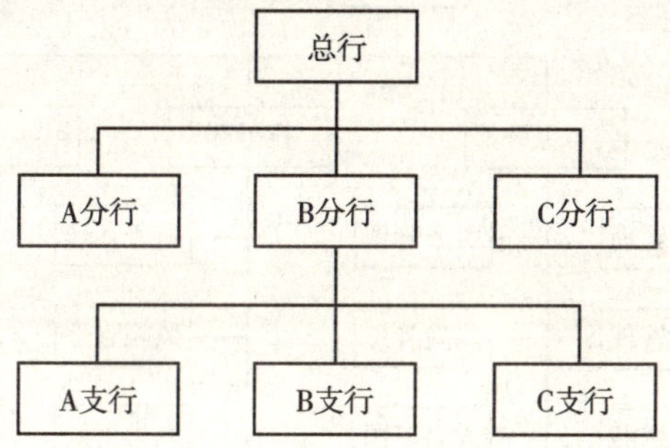

图2-1 商业银行科层型组织结构

商业银行真正引入事业部制始于20世纪80年代。西方商业银行迫于直接融资的巨大竞争压力，加大了产品创新，并对客户实施针对性营销，加强专门管理，形成专业化特点。由此要求组织架构也体现专业化特点以更好地支持业务拓展。因此，专业化垂直型的事业部组织架构（见图2-3）成为选择。到20世纪90年代，以客户为中心、专业化的垂直型组织架构在国际银行业发展迅速，成为全球银行业组织架构的主流模式。

国外商业银行特别是跨国大银行的组织架构注重从产品、区域、部门、客户进行细化分解，总体遵循专业化、以客户为中心、引入内部价格机制的总体原则，强化业务的垂直化管理和管理层级“扁平化”。如荷兰银行根据客户群

---

① 谢玲玲：《国内商业银行事业部改革理论动因与实践难点》，载《上海金融》，2009（7）。

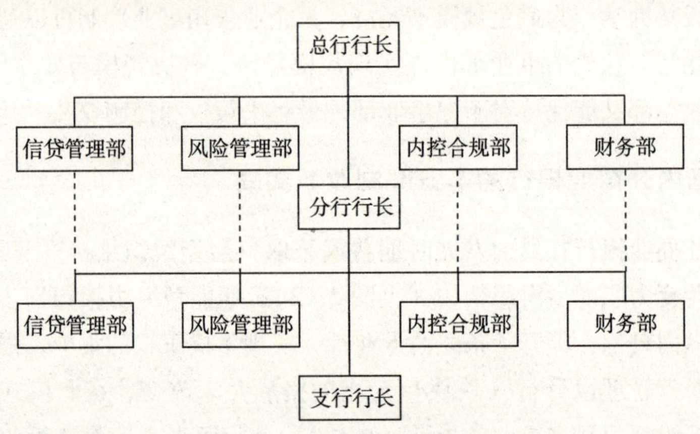

图 2-2　商业银行职能型组织结构

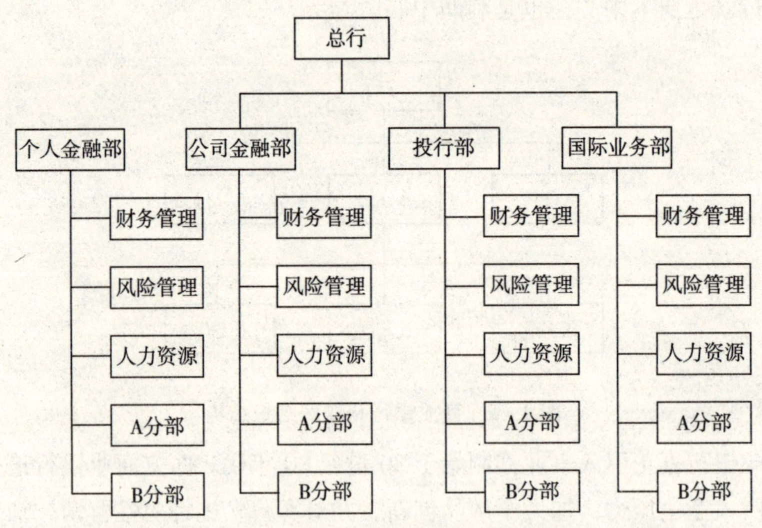

图 2-3　商业银行事业部型组织结构

划分设置三个战略业务单元事业部（Strategic Business Unit，SBU）①，分别是消费者和商业客户 SBU、私人银行和资产管理客户 SBU、批发客户 SBU，在各战略业务单元下面根据客户群的特征形成产品和地域两个子业务单元（见图 2-4），形成客户、产品和地域的三维业务单元。荷兰银行的组织架构改革贯彻了“以客户为中心”的主题思想，设立的这三个客户 SBU 能够兼顾产品营

① SBU 是指将一组相关业务作为企业整体业务中的一个具有战略重要性的部分来进行专门安排，使其如同小型企业，单独经营，自负盈亏。SBU 是事业部架构的重要形式之一。

销的需要和各地域市场的差异性，最大限度地满足客户需求，提高顾客满意度。经过 SBU 组织架构改革，荷兰银行的竞争力大大加强，股东的价值回报率也大幅提高，显示 SBU 组织架构是一种有效模式[①]。

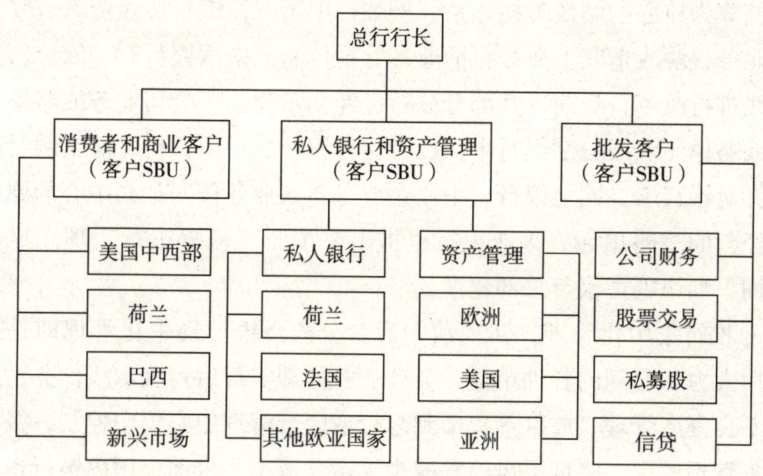

图 2-4 荷兰银行“战略业务单元”组织架构

可以看出，国外商业银行的组织架构重组逐步形成了一种按业务条线进行组织的纵向管理模式，以总行部门（条线）为基本运行和指挥中心，即所谓的“业务单元制”组织架构。

国内商业银行最早进行事业部制尝试的是中国工商银行，2000 年中国工商银行组建票据营业部，作为总行直属机构专门经营票据业务，并设置了北京、上海等八个分部；2003 年民生银行开始将零售业务朝事业部方向改革，并于 2004 年 11 月彻底实现独立核算、独立运营。之后，招商银行、中信银行也对信用卡业务进行了事业部改革。现阶段国内商业银行的事业部制改革各有特色，有尝试区域事业部模式，有尝试产品事业部模式，也有尝试行业事业部模式。目前中国银行、中国建设银行和光大银行等银行均开始了更大范围、涉及更广泛业务领域的事业部制改革试点[②]。

改革的主要内容有以下几项[③]：

---

① 汤曙光、任建标：《银行供应链金融：中小企业信贷的理论、模式与实践》，北京，中国财政经济出版社，2010。

② 林冶洪：《国内商业银行事业部制改革初探》，载《银行家》，2008（5）。

③ 吴晓辉：《探析商业银行事业部制改革》，载《银行家》，2008（2）。

（1）按照业务条线垂直化管理的要求建立战略单元（SBU）的管理模式。一部分国有商业银行根据业务部门系统化管理职能的特点，建立以管理流程为主线的多个业务单元，实行从服务内部客户到服务外部客户的服务流程体系和以独立核算为核心的绩效考核体系。例如，中国工商银行按照资产、零售、新兴三大业务板块改造其上海分行的业务管理体制。中国银行对一级分行业务线和产品线进行改革，目前，其部分分行已经初步建立了公司业务战略单元和理财业务战略单元。股份制银行中，已有交通银行、招商银行、浦发银行、民生银行等针对银行卡、网上银行、中小企业等新兴业务按照利润中心的原则建立了集中经营的战略单元，兴业银行也提出要按照“流程银行”理念尽快调整组织架构，加快零售银行总部建设。

（2）推行集中化管理，实现前中后台分离。银行集中化管理即是通过对大量占用人力和时间的各种单证、会计业务处理实行后台流水线作业，对风险控制、不良资产管理、放款等集中到总行或区域管理中心集中控制，极大地提高了业务管理效率，降低了风险并减少了运营成本。目前，国内银行也开始借鉴国际银行业的先进经验，加强对资金清算、单证、放款、资金配置、授信等进行集中化、专业化的运作管理。比如，民生银行较早实现了对会计业务的集中后台处理，使前台集中精力开展营销服务。中国工商银行上海市分行统筹后台管理，各个支行主要成为营销部门。

（3）推行扁平化管理，精简管理层级。目前国有商业银行主要是实行二级分行对城区各分支机构和网点的直接管理，比如，中国银行取消了原城区管辖支行。深发展在新桥进入后取消了分管副行长管理层级，建立从总行信贷风险执行总监到分行或业务线高级信贷主管的授信垂直业务线。招商银行、民生银行等通过建立授信、稽核等区域管理中心贴近或连接市场，实现垂直化管理。

（4）加强科技信息平台建设，提供科技保障。主要是运用信息技术的优势实现新流程的程序化、模块化控制，并为各业务和管理线提供高质量的信息产品，提高决策科学性。民生银行在国内银行率先实现了数据大集中，并在2002年开始其称之为“八大系统”的信息化建设，提出数字化管理战略。从了解的情况看，民生银行已完成了管理会计、客户信息管理、会计后台处理、非现场稽核、对公信贷风险管理等十多项信息系统的开发、上线和改造，以及企业级数据仓库的建设，初步构成了该行相对完整的信息化管理体系。

纵观我国银行改革实践，事业部制改革主要采取两种路径：一种路径是整体改革路径，一些银行选择个人金融业务条线型事业部制改革作为试点和突破口，自上至下地推动条线型事业部整体改革；另一种路径是局部突破路径，对新兴业务部门进行事业部制改革，有意避开对分支行改革和对传统业务部门的条线改革。

2.1.3　事业部制与小企业金融的适应性分析

由于小企业金融服务具有成本高、单户单笔额度小、客户众多、抵押担保难落实等特点，在某种程度上更相似于零售业务。如果依据传统客户属性划分将小企业业务列属于公司业务条线，用传统对公业务运营模式来做小企业业务，平均单笔小企业贷款的收入与营运成本的比例要远低于银行可接受的程度；小企业业务与大中企业业务竞争行内资源没有优势，分支行发展小企业业务的动力不足，激励约束机制难以贯彻落实，不利于商业银行拓展小企业业务市场，同时也不利于培养专业化的小企业金融服务团队，提升小微金融服务的专业化水平。

相反，如果用零售业务运营模式来做小企业业务，平均单笔小企业贷款的坏账损失与收入的比例要远高于银行可接受的范围，很难走零售业务“大数定律”防控风险模式。因此，各家商业银行在做小企业业务时首先需要在组织架构上予以单独设计，强化小企业业务条线的独立性，提升专业化水平。

单列小企业业务条线，专业化发展小企业金融服务，在具体方式上就包含采用事业部制、设立专营机构、试点小企业业务专营分支行等多种模式。国外大部分银行多数采取事业部制架构。事业部制有一定优势：一是便于集中优势资源，小企业总部直接集中人员管理权和业务管理权；二是有利于提升专业化管理能力；三是有利于实现独立考核核算；四是容易形成独立的激励约束机制。但是难点在于如何设计与分支行的协调分润机制，如何处理存量客户转移和新增客户转介，如何协调与职能部门间关系。劣势在于可能造成资源重复配置，如小企业事业部内设置的职能部门与总行职能部门重叠，同时在客户管理、授信审查、贷款定价等方面需要引入新的科技信息系统，资源投入较大。

2.1.4　小企业金融采取事业部制架构的设计方案

1. 事业部制

小企业金融事业部制组织架构（见图2－5），要求在总行层面设置小企业总部，内设发展规划、营销管理、产品管理、业务管理、授信审查、内控合规、风险管理、运营管理、人力资源、计划财务等二级职能部室。在分行层面设置小企业分部，直线归总部管理，与所在地市分行为协作关系。支行层面，设立专营小企业业务的支行，归属小企业条线管理，承担小企业业务落地服务职能，内部设置专职经营团队，实施具体业务营销。

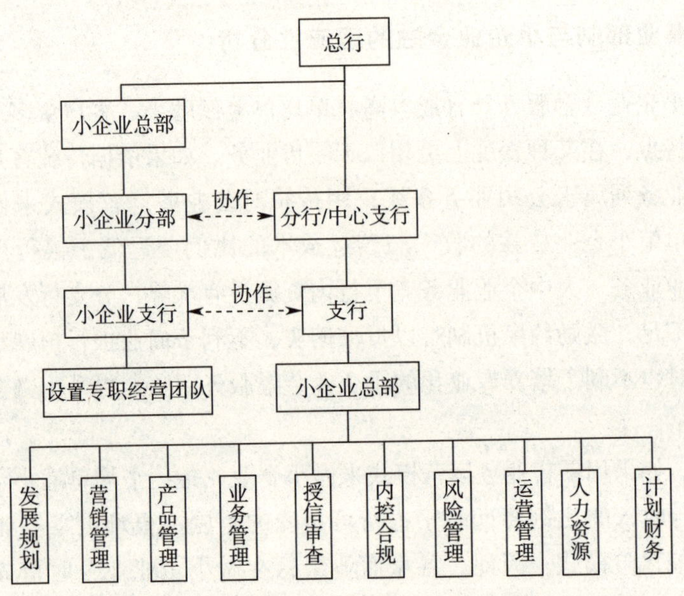

图2－5　小企业金融事业部制组织架构

业务管理方面，全行小企业业务全部归口于小企业金融事业部，分支行存量小企业客户转移至小企业金融事业部管理（含信贷档案、贷后管理等），对分支行不再另设小企业业务指标考核。具体小企业界定标准可参照中国银监会、工业和信息化部相关规定由商业银行自行划定。

核算考核方面，对小企业事业部，重点考核经济利润指标（考虑内部资金成本、经济资本、风险成本）、总存款指标（含存款规模类指标和存贷比率指标），附加风险管理类指标，如不良贷款率。在小企业事业部发展初期，还可添加考核新增客户数。

总行与小企业事业部的职责分工：总行负责下达小企业事业部的业务指标，制定小企业事业部经营管理总体框架（如发展目标、客户范围界定、单户授信额度上限、不良贷款率上限），掌握对小企业事业部负责人的人事任免权。总行可设置一位分管小企业业务的高管领导。小企业事业部总经理具体负责经营管理。总行职能部门不负责对小企业部的具体职能服务，不派驻人员。

分行与小企业分部协作关系：两者分属不同条线管理，相互独立。小企业分部向总行小企业总部直线汇报。分行营销团队可向同区小企业分部介绍客户，小企业分部支付分润，具体分润标准由小企业总部制定。落地存款不双算，只计入小企业分部。如果小企业分部与同区分行相互间有资源借用，相互支付对价。

小企业支行与平行支行协作关系：分属不同条线管理，相互独立，平行支行可向同区小企业支行介绍客户，小企业支行支付分润，具体分润指标按预先制定的标准执行。落地存款不双算，只计入小企业支行。如果小企业支行与同区平行支行相互间有资源借用，相互支付对价。

小企业分部内部职责分工：发展初期主要承担营销职能，设置营销团队负责具体营销，中后台职能可设置岗位承担，人员管理、业务管理由分部负责人负责；发展到一定阶段后，分部主要承担管理职能，小企业业务专营支行落地小企业营销团队，负责具体营销。分部设置二级部门对应总部职能部门，归口直线管理。

2. 准事业部制

准事业部制是指介于传统职能型架构与事业部制架构间的一种组织架构过渡形态。表现为：条线化管理强化，“以条为主，以块为辅”的架构初步确立，但事业部内部职能部门未完全设立，部分核心职能（如人力资源、计划财务）仍然由商业银行总行承担。具体到商业银行小企业业务采用准事业部制组织架构，共有两种形式：一是矩阵型准事业部制，二是专营机构型准事业部制（业务落地依托传统支行）。

矩阵型准事业部制（见图2－6）：总行层面单独设立小企业金融部，负责

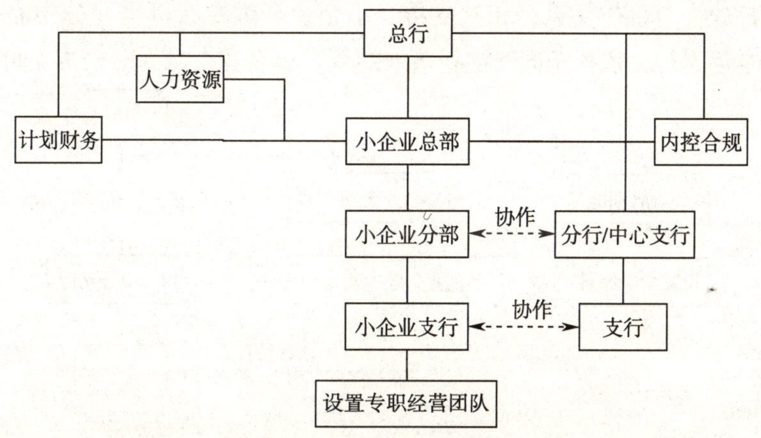

图2－6 小企业金融矩阵型准事业部制组织架构

全行小企业业务开展工作，下设小企业分部，小企业业务落地工作由专门设立的小企业支行承担。小企业总部、分部、小企业支行归属条线化单独管理。小企业总部内设营销管理、发展规划、产品管理、授信审查、风险管理、运营管理、综合管理等职能部门，初步具备前中后台架构，但部分核心职能如人力资源、计划财务、内控合规仍由总行相关部门直线负责，相关部门采取派驻专门人员方式履行职能。

与标准事业部制对比，矩阵型准事业部制主要有以下特点：

(1) 小企业金融部的独立性下降。小企业部的核心职能（人力、财务）依旧掌握在总行核心职能部门，是总行集权制的重要抓手。相反，标准的事业部制讲究放权，实施集中决策下的分散经营，强调事业部独立经营，自负盈亏，对其经营干涉较少。

(2) 核心职能部的专业化提升。总行职能部门实施专业化条线管理。总行下属各事业部的同一职能归属于总行职能部，使得职能部实现了条线化专业管理，提升了整体性、统一性，为下一步职能条线事业部制奠定基础。

(3) 总行核心职能部门更好协调各事业部之间关系。总行职能部门采取派驻人员方式对各事业部提供支持服务，有利于协调各事业部间关系，节省行政资源，提高整体效率。

专营机构型准事业部制（见图2－7）：总行层面设立小企业金融总部，分行层面设立小企业金融专营机构（分中心），直线归属小企业金融总部管理，小企业金融专营机构设置小企业营销团队，负责业务开展，同时内设相关职能部门（初期为岗位），承担管理职能，即专营机构集经营管理于一身。专营机构与平行分行为协作关系，相互支持。小企业金融专营机构（分中心）下不再另设专营支行，依托于同区支行落地结算，小企业金融专营机构支付相关费

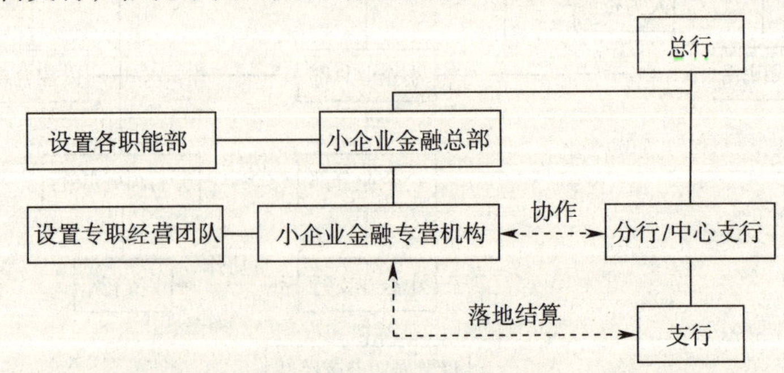

图2－7　小企业金融专营机构型准事业部制组织架构

用。小企业条线运营职能由总行运营部直线管理，不另设内部二级部。小企业总部对异地小企业专营机构的管理初期以块为主，后期以条为主。

在此种组织架构模式下，对小企业总部、专营机构不考核存款指标，对分支行考核小企业存款指标。选择落地支行不设置专门标准，一般按照“谁介绍客户在谁处落地”的总体原则。小企业业务开展实行“双算”考核原则，一笔小企业业务计入小企业条线考核指标（利润、贷款量、客户数指标），同时也计入分行、支行业务考核指标（结算量、存款）。

2.2 特色分支行试点

选择个别分支行或地区开展小企业金融服务试点，逐步推广。这种模式适合目前尚未进行大规模事业部制改革的大型国有商业银行。这些银行的组织结构复杂、人员众多，如果直接从总行层面建立小企业金融事业部，直线改革面临很大的成本和阻力。因此，可选择在某些小企业经济发达的地区或分行开展试点，独立经营，独立考核，待试点成功后再向其他地区或分行推广。目前，多家银行采取了此种模式开展小企业金融服务。如交通银行在总行成立小企业信贷部，在长三角、珠三角地区成立三家分行和三家直属二级分行作为试点，设立了小企业信贷服务中心，同时在支行设立了100多家直接为小企业客户提供服务的小企业贷款的营销和服务机构。再如，建设银行以淡马锡小企业业务模式为基础，组建“信贷工厂”经营中心，将经营重心下放到二级以下分支行，在全国124个城市建立140家“信贷工厂”模式的经营中心①。

2.2.1 内部职能体系

特色分支行试点模式下，小企业业务经营管理主要依托于特色地市分支行，以块为主。赋予分支行较大的职能权限，进行单独考核，使之更好地贴近客户，服务小微客户。具体为：一方面在总行设立小企业总部，负责中小企业业务的宏观管理；另一方面则依托特色分支行设置小企业专营机构，以小企业客户为目标客户，将相关的研发、营销等职能部门结合成相对独立的单位，即

① 陆岷峰、张惠：《商业银行中小企业信贷专营机构模式研究》，载《玉溪师范学院学报》，2010(12)。

设立块状事业部，与分行其他业务（个人业务、公司业务）相分离，实行总行小企业部集中决策指导下的分散经营，集中小企业信贷业务的客户评价、授信审批、贷款发放、贷后管理等中后台业务，专营机构内部进行流水线处理，实现产品的标准化和流程化，提高小企业金融服务能力。该模式的组织框架如图2-8所示。

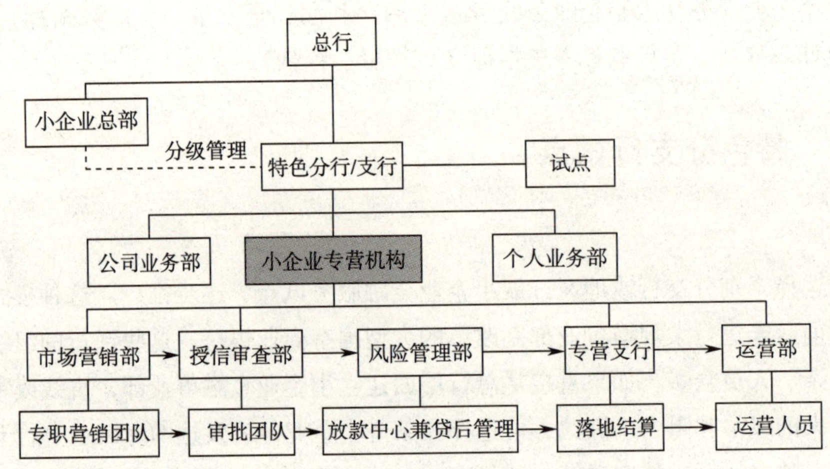

图2-8 小企业金融特色分支行试点模式组织架构

在此种模式下，小企业总部负责小企业金融业务的宏观管理，对特色分支行实施分级管理，承担产品研发、人员培训、制度制定、营销推动、宣传推广等条线职能；特色分行下设小企业专营机构，与公司业务部、个人业务部等业务部门并列，小企业专营机构既是总行小企业金融总部指导下的二级管理部门，又是具体经营部门，集管理和经营于一身。小企业专营机构归属于所在分行管理，纳入分行考核，行政管理权、业务管理权、人员管理权归分行。小企业专营机构下设市场营销、授信审查、风险管理、运营管理等职能部室，下属专营支行负责小企业业务落地，前中后台具备，实现业务流程从营销、申请受理、调查、审批、放款、贷后管理、后台结算在专营机构内的流转，实现流程化。

2.2.2 核算考核体系

对总行小企业金融总部，考核其业务开展定量指标和管理定性指标。定量指标主要包括小企业客户数（余额、增量）、小企业条线产品数、存贷款（余额、增量）、不良贷款率、市场占比等，管理类定性指标主要包括风险管理能力、营销支持能力、员工培训等方面。总行小企业金融总部将考核任务指标分解到特色分行。

分行对小企业专营机构下放权限，实施准事业部制管理，独立经营、独立核算，费用单列。小企业专营机构内部，对各职能部门进行流程化改造，强化效率。

2.2.3 与小企业金融需求的适应性

第一，从银行内部分析，特色分支行试点模式实际上是一种过渡模式，能降低在大型银行直接进行小企业金融服务改革的阻力和风险，是较为稳妥的做法。但试点地区或分行的人力、财力有限，很难独立完成与小企业金融服务有关的产品创新和IT系统开发，影响服务效果。而且对试点分支行实施独立的考核模式和成本核算体系，需要充分协调与当地其他分支机构的关系。

第二，从客户角度分析，特色分支行试点模式并没有解决全行小企业业务条线的专业化和统一性问题。各地小企业客户需求特征存在差异，特色区域执行的小企业业务专业化实践经验推广至更大范围是否适用值得商榷。小企业客户期望由专业化机构提供高效专业化的金融产品和服务，实现不同区域的统一设计，显然，特色分支行试点模式难以达到。

2.3 传统职能型组织架构

传统职能型组织架构最为常见，是一种应用最为广泛的中小企业信贷专营模式，其采用分级管理、集中指导的管理模式。其组织架构模式如图2－9所示。

总行设置小企业业务部，作为负责小企业业务经营管理的职能部门。小企业业务部负责全行小企业业务的条线管理、业务指导、产品研发、宣传推广，但具体营销业务依托于分支行开展。

分行（中心支行）设立小企业业务中心，负责所属区域小企业业务的具体经营管理，在分行小企业业务中心可设置小企业营销团队，集中资源，开展批量化、集中化营销。分行小企业业务中心直线汇报于分行分管行长，虚线汇报总行小企业业务部。

支行设立小企业业务专岗，负责分散营销、个别营销，承担所属支行小企

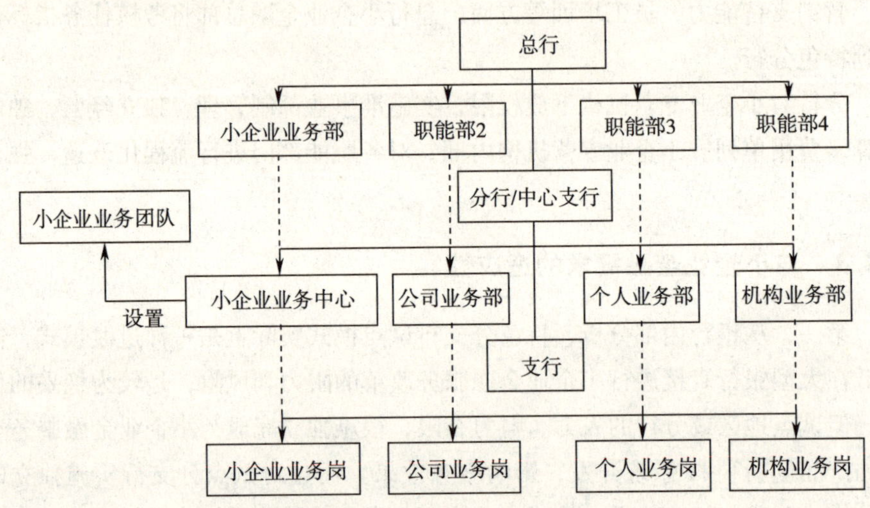

图2-9 传统职能型组织架构

业业务的落地服务和贷后管理，贯彻落实总行制定的小企业业务制度办法。支行小企业业务专岗直线汇报支行行长，归属支行行长管理，虚线汇报分行小企业业务中心。

在初期，形成“总行有部门、分行有团队、支行有岗位”的三级垂直化管理体系；后期，进一步完善成为“总行有部门、分行有中心、支行有队伍”的中小企业专业化管理模式。

核算考核方面，此模式实行“以块为主，以条为辅，条块结合”的考核体系，总行将小企业业务指标落到小企业业务部上，小企业业务部将各项指标细化分解到分行上，分行小企业业务中心再细化到团队和支行上，最终落到岗位上，层层分解，层层落实。

此模式的突出特点是充分依托全行现有机构和人员配备以及管理营销系统，在商业银行原本“以块为主”的组织架构基础上，实施分级管理和条线指导，有利于保证原有组织架构的稳定性。

此模式的优点是：充分依托全行力量，在原有经营管理的基础上保持业务发展延续性；综合利用原有资源，不用进行重复投资，提高资源使用效率；总行运用各种杠杆推动信贷业务快速发展，并进行专项指标单独考核和统计，调动各分支行积极性。不足是：专业化程度不高，没能完全满足银监部门“六项机制”要求；业务指标考核压力大，绩效考核机制不能充分激发内在动力，分支行有“做大不做小”倾向；服务队伍专业化、产品专业化建设不足，难以提升专业化管理水平。

2.4 中小银行小企业金融组织架构模式选择的策略讨论

在标准事业部制、矩阵型准事业部制、专营机构型准事业部制、特色分支行试点模式、传统职能型五种组织架构模式下，中小银行是否存在最优的小企业金融服务组织架构?

从国际经验看，国际先进大银行多数采取标准事业部制组织架构，总行放权，小企业业务事业部独立经营、自负盈亏。

从国内现状看，传统职能型组织架构依然是应用最广的模式，但国有商业银行（如中国银行、中国建设银行、交通银行）通过特色分支行试点模式推动了小企业业务的快速开展，而多数中小银行开始了由传统职能型架构向准事业部制的组织变革，表现为：纷纷设立小企业业务专营机构，强化小企业业务的独立性、专业化和条线管理。在两种准事业部制模式中，多数银行的总行保留核心职能，总行注重掌握控制小企业条线的核心资源，小企业事业部的独立财务核算和人员招聘管理还很难做到。

综合来看，当前，中国中小银行应明确小企业业务的事业部改革的战略方向。

改革初期，转变原有的职能型组织架构，着力构建矩阵型准事业部制组织架构。总行成立小企业部，下设小企业专营机构，提升专业化经营管理水平。在小企业部内部设置营销管理、产品管理、授信审批、风险管理等二级部室，初步搭建前中后台体系。总行充分授权小企业部进行业务决策经营、人员管理培训、市场拓展等，但继续掌握核心资源（信贷规模、经济资本、财务费用、人力资源）对小企业部的分配控制，总行相关职能部门采取人员派驻形式履行相关职能，实现广泛授权下的核心集权。在与分行关系方面，继续依托同区域分支行的落地结算服务，合理导入同区域分支行的小企业客户资源；在小企业条线不单设专营支行，小企业部需为落地结算服务支付对价。

中期，继续强化小企业业务条线的专业化经营管理能力。总行层面，在强化对小企业部负责人经营考核的同时，逐步渐进下放财务费用审批权、贷款额度审批权、人员招聘选拔权、品牌宣传权；在制定风险管理总框架的基础上下放风险管理权，允许小企业部成立独立放款中心、不良资产清收中心。分支行层面，小企业部设立小企业专营支行，配备运营团队，实现落地服务，逐步将原有的分散落地网络集中于专营支行，提高落地结算服务水平。

远期，实现小企业业务的标准事业部制架构，小企业业务自主经营、自负盈亏，实现各职能部室的完善，小企业事业部集合利润中心与成本中心，搭建起类似于子银行的管理架构和治理模式。

3

中小银行小企业金融的业务管理研究

从广义上来说，业务管理是指对企业经营过程中的生产、营业、投资、服务、劳动力和财务等各项业务按照经营目的进行有效的规范、控制、调整等管理活动，促进经营目标的实现。提升商业银行业务管理水平，有助于企业战略举措的实施、战略目标的实现和核心竞争力的打造。因此，业务管理是决策实施与企业执行力推动的关键。

商业银行业务管理涉及流程、核心、导向、模式等方面内容。业务流程的长短、简单或复杂影响流程效率。全行业务管理核心的确定、业务管理导向的制定以及业务管理模式的选择，代表商业银行业务管理的方向和定位。研究中小银行小企业金融业务管理，要立足于小企业金融的业务特点和业务管理的重难点问题，明确总体原则，分析具体实施中的核心要点，再结合当前国内外商业银行在小企业金融业务管理上的具体创新模式如“信贷工厂”模式等，多角度出发，搭建起中小银行小企业金融业务管理研究的整体框架（见图 3－1）。本章即依循此逻辑。第一节描述小企业金融业务管理中存在的重难点问题，第二节阐述小企业金融业务管理需要把握的三条总体原则，第三节探讨做好小企业金融业务管理的着力点，第四节借鉴国内外银行在小企业金融业务管

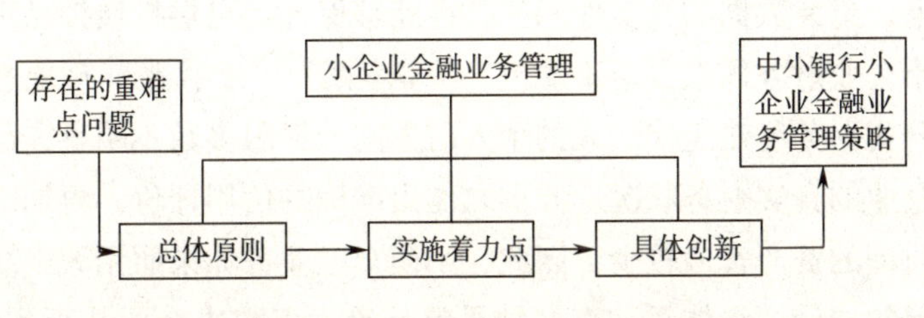

图 3－1　本章主要结构图

理中的具体创新做法，最后提出中小银行小企业金融业务管理策略。

3.1 小企业金融业务管理中存在的重难点问题

当前，商业银行主要业务为公司业务、个人业务和中间业务，其中公司业务又可细分为大中企业业务和小企业业务。区别于大中企业业务，商业银行小企业业务具有客户多、分布广、风险大、单笔额度小等特点，客户需求“短小急频”，因此，发展小企业业务，商业银行需要在业务经营、管理中投入更多人力、信息系统、财务费用等，业务管理单笔成本相对较高。

3.1.1 小企业金融的业务特点

小企业客户多、行业和区域分布广，要求商业银行具有批量化服务客户的能力和广泛的机构网络覆盖。目前，小企业占到我国各类型企业的99%，分布于各个行业，相对集中于批发零售业和制造业；区域方面，东中西部广泛分布，各地小企业普遍依托本地优势产业、特色市场、重点企业迅速发展。在此背景下，相对商业银行大企业业务的精细化、单体化服务，小企业业务更需要批量化服务，在一定程度上具有与个人业务相类似的特性，即集群营销、批量化授信审批、统一化管理。另外，由于商业银行在小企业金融中的后台服务如合同签订、贷款发放、运营结算、贷后管理等要依托于落地支行，加之小企业分布区域广，因此，小企业金融要想真正做到“以客户为中心”，就必须构建辐射区域较广的机构网络和便捷的电子银行渠道，延展服务半径，满足更大区域内小企业的金融服务需求。

小企业可供抵质押品少，缺乏标准化的财务报表，要求商业银行建立有别于大企业金融的授信评级体系。传统大中企业通常具有相对完善的标准化的财务报表体系，财务数据的真实性和完整性能够保证，可供抵质押品多，信用等级高，而小企业财务体系普遍不规范，“多本账”“虚假账”现象普遍，此外小企业的公司财务与法定代表人的个人财务间的界限多数不明显，商业银行很难获取小企业的真实财务状况，并据之作出准确的信用评价，再加之小企业可供抵押、质押的资产普遍较少，因此，小微金融业务如果照用大中企业的重财务、重担保的授信评级体系，直接结果就是绝大多数小企业达不到授信要求，或者授信评级不准确，因此，商业银行要想真正大规模地服务小企业，设计建立有别于大企业金融的、契合小企业特点的授信评级体系至关重要。

小企业客户规模小、单笔授信小，要求商业银行小企业金融业务要靠量取胜，要追求规模效益。根据 2011 年 6 月 18 日，工业和信息化部、国家统计局、国家发展和改革委员会、财政部联合印发的《关于印发中小企业划型标准规定的通知》（工信部联企业〔2011〕300 号），以工业为例，从业人员低于 300 且营业收入小于 2 000 万元才可归为小企业，按照单家商业银行给一个企业授信额度上限不超过其营业收入的 10% 的经验数据，小企业的单户授信普遍在 200 万元以下，对于小企业贷款余额平均在 108 亿元[①]的小银行（以 144 家城市商业银行为例），单个银行平均至少需要服务 5 400 户小企业，这与小银行大企业客户总数普遍在 100 户以下形成鲜明对比。这说明商业银行小企业业务要靠量取胜，要服务大数量客户，要追求规模效益。

小企业客户资金需求急，要求商业银行的小企业授信审查审批效率高。通常来说，小企业的资金需求比较急，时限要求高，往往要求在几天内就获得资金支持，这就给商业银行小企业业务的信贷调查、审查审批效率提出了高标准、严要求。通常，客户经理在受理企业授信申请后，需要在两到三天内通过现场调查、访谈、交叉检验等方式了解企业状况，撰写调查报告，制定授信方案，提交至授信审查部门，由授信审查、审批人员在三到五天内完成调查报告的审查和贷审会的召开，作出是否同意授信的判断和决定，其后由客户经理、落地支行行长与客户面签信贷合同，最后由放款审核人员审核把关后正式放款，完成小企业贷款全流程（见图 3-2）。一般来说，小企业贷款整个流程时间应控制在 5~7 个工作日，如果是已授信客户，时间更应缩短至 2~3 个工作日，只有这样，才能满足客户资金需求的时限要求。

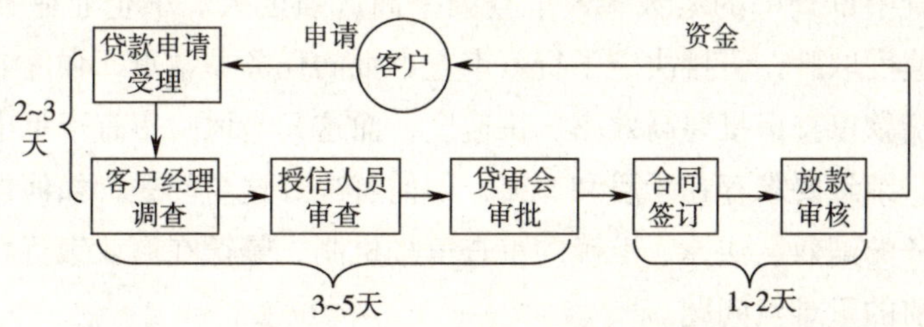

图 3-2 小企业贷款流程及时限

---

① 此数据根据中国银监会 2011 年报第 26 页数据“截至 2011 年底，城市商业银行小企业贷款余额 1.55 万亿元，占其企业贷款的比重达 47.8%”测算得出。

小企业抵御政策风险、市场风险的能力相对较弱，要求商业银行小企业业务完善利率风险定价机制，使得利率定价能较好覆盖风险和内部成本分摊。相对于大企业，小企业资产、资本金规模小，抵御政策风险、宏观经济风险、市场风险的能力较弱，国内外经验均表明，在经济下行周期中，破产比例最高的企业群体就是小企业，此外，因为破产成本小，信用记录不健全，引致小企业故意违约的道德风险不容忽视，这就要求商业银行建立相关模型，在发放小企业贷款时要能充分评估小企业贷款违约概率（PD）、违约损失率（LGD），继而，在利率定价上，做到利率定价完全覆盖违约损失，再结合管理会计中的内部资金转移定价和管理成本分摊，形成完善的利率定价体系，使得小企业贷款的利率定价做到定量、准确、客观和合理。

3.1.2 商业银行管理小企业金融业务的重难点问题

一是贷前调查要求高专业性，难度大。小企业行业分布广，从事的主营业务种类多种多样，加之商业银行小企业业务的客户经理要调查营销的客户数量较多，这就给商业银行小微贷款的调查带来很大难度，对贷前调查人员的专业性提出了很高的要求。在贷前调查中，客户经理既要考察传统要素如三品，即“人品、产品、抵质押品”，又要对小企业所处行业市场的发展状况、竞争格局有宏观把握，还要通过访谈、统计等方式重点考察小企业的存货、账目，以作交叉检验，编制真实财务报表。加之贷款调查时间要求紧，两三天内必须完成，这就要求贷前调查人员要有很强的综合素质，既要善于把握重点，又要关注细节，要能从专业角度分析掌握贷款企业的真实情况，确保信贷调查报告的真实性、完整性和准确性。

二是贷中审查中的笔数多，审查频率高，强度大。小企业业务要靠量取胜，要靠速度取胜，直接决定了贷款审查审批的任务非常重，强度非常大，直接决定了贷款审查审批要高效率、快速度，而这又与风险审查审批中固有的严谨、谨慎、细致要求存在矛盾和冲突，如何解决好这个问题，如何设计出适于小企业业务的高效、快速、准确的审查审批机制，是摆在商业银行发展好小企业业务面前的重难点问题。

三是贷后检查中的对象多、难度大、成本高。小企业客户的大数量，使得商业银行的贷后检查实施起来难度大大提高。在实际工作中，往往一个小微金融客户经理要发放几十户甚至上百户小企业的贷款，如果走传统贷后管理渠道，即主要依靠客户经理力量去贷后管理，直接结果就是客户经理的精力难以顾及，贷后管理流于形式，放款行不仅无法掌握企业贷款后的真正经营发展状况，甚至贷款的流向、真实用途也很难掌握到，信贷风险难以前瞻性识别掌握。此外，贷后检查的传统模式是单户企业定期走访、现场检查，小企业客户动辄几千户，如果依循此模式，贷后检查成本太高，实施起来难度也大，这也需要商业银行摸索出一种规模化、集群化的贷后管理模式，或者通过设置专门团队，聘请行业专家，或者与外部专业机构合作，或者将贷后管理业务合理外包，来解决贷后管理难题。

四是小企业业务管理中面临管理成本节约问题。相比于大企业业务，小企业业务是一项高成本业务。首先，当前国内多数银行在发展小企业金融业务时普遍采用单人单户分析技术，为迅速扩大小企业客户数，配置数量众多的客户经理在小企业业务条线，人力成本投入较大；其次，由于小企业业务授信审批要素不同于传统大企业业务，商业银行需要为小企业业务单独开发信息系统、评价模型等，信息科技投入较大；再次，小企业业务的落地结算、贷后管理等后台业务繁重，需要支行承担的任务较重，如果按照小企业业务纯事业部制架构，完全独立核算，此部分由支行提供的后台服务需要小企业业务支付对价，后台运营成本也不容忽视。因此，商业银行如何寻找出一种有效节约管理成本的经营模式，即如何走上成本集约型发展道路，是商业银行小企业业务发展的重大问题。

五是小企业业务的标准化实施难度大。商业银行要提高小微业务的调查、审查审批效率，最有效的途径是标准化，即准入门槛标准化、资料需求标准化、营销流程标准化、贷款方案标准化、审查审批环节标准化、贷后管理标准化等，通过标准化来节省时间成本和人力成本，但是，在具体实施中，小微业务标准化实施难度较大，体现在贷款企业所处行业分散、财务状况参差不齐，信息不完整度较高，信用等级差别较大，如果采用强行标准化方式，很可能造成一刀切问题，客户满意度下降。

3.2 小企业金融业务管理的总体原则

在此背景下，为更好地匹配小企业客户的金融服务需求特点，有效解决商业银行小企业金融业务中容易出现的重难点问题，商业银行应特别设计小企业金融的业务管理体系，此业务管理体系既要有别于传统大企业业务单体化、精细化的管理模式，又要有别于零售业务以产品为导向的业务拓展模式。总体来说，商业银行小企业金融的业务管理应遵循三大原则：专业化、批量化、流程化，力求以专业化做到真正了解各类客户需求和把握不同行业、不同类型客户的风险点；力求以批量化做到大数量笔数业务的规模处理，节约单笔业务的时间和成本，实现规模效益；力求以流程化做到环节压缩，效率提高，做到快速服务客户。

3.2.1 区别于大中企业的专业化管理

商业银行小企业业务管理要突出专业化，要始终将提高专业化水平作为衡量评价小企业金融服务水平的核心要素。专业化管理的原则既能提升商业银行服务不同行业客户的能力，提高客户满意度，又能确保信贷审查、检查的专业性，更好地识别授信风险。

1. 小企业金融专业化管理的必要性

第一，小企业金融的专业化管理是对应于组织架构调整的必然要求。在传统的职能型组织架构模式下，小企业营销和管理人员的专业化程度不够高，缺乏针对小企业业务的专门绩效考核机制，不能充分激发客户经理服务小企业客户的内在动力，不能完全满足银监部门六项机制的建设要求。组织架构调整后，条线化、事业部制的架构、更加独立的权限（财务权、人力权、授信权、考核权等）必然强化小企业业务管理的专业化，其与大中企业业务、零售业务、金融市场业务的界限将愈加清晰。

第二，小企业金融实施专业化管理是激发业务拓展积极性的必要手段。在利益多元化的考核机制下，随着各分支行经营利润考核及其他负债业务、中间业务指标考核等压力的增大，各行做大不做小的倾向会不断增强，影响发展小企业金融业务的积极性。此外，混合经营也不利于实现小企业营销队伍、小企业金融产品的专业化建设，难以提升专业化管理水平。因此，实施小企业金融专业化管理，可确保小企业业务在商业银行中“有人愿做，有人能做，有人做好”，促进小企业业务规模的扩大和在全行业务占比的提高。

第三，小企业金融实施专业化管理是适应小企业客户行业分布广、经营状况差别大等特征的自然选择。小企业与大中企业的最大差异之一即是小企业客户数量多、行业分布广、经营状况千差万别，商业银行小企业金融要发挥规模效益，很大程度上就要服务多行业、多区域的小企业客户，在此背景下，如果实施与大企业金融类似的职能化管理，带来的直接问题是各分支机构局限于服务本区域内、熟悉行业的小企业，服务的区域广度、行业广度很难拓展延伸，这与加大支持小企业的初衷不相适应。

第四，小企业金融实施专业化管理是管控风险的有效策略。处于不同行业的小企业面临的宏观经济风险、产业风险和个体经营风险是不同的，抵御风险的能力和手段也是不同的。商业银行要想准确识别贷款客户的潜在经营风险，及时作出预警防范和处置，离不开对该企业所处行业周期特点、产品技术特点、同业竞争动态等信息的搜集、整理和分析，并且在很大程度上，分析的专业性与识别风险的准确性呈正相关。因此，小企业金融的专业化管理有助于更好地识别、评价、控制信贷风险。

2. 小企业金融专业化管理的核心要点

专业化管理重在职能履行的专业化。在事业部制架构的组织体系配合下，小企业金融管理职能应集中于小企业专业部门，职能履行依托于小企业专业条线（含小企业金融专营机构、专业团队、专营小企业业务的落地支行等）进行，从而确保商业银行制定的小企业金融业务办法能在条线、分支行得到很好地贯彻落实，提升整个小企业业务条线的专业性。具体来说，业务规划层面，从业务制度办法的制定到业务培训、业务制度执行；业务实施层面，从业务营销、授信审批到业务落地、合约达成，各项职能应全部集中于小企业金融条线，可以和大中企业业务、零售业务职能有交叉，但应是两条线履行，不存在干涉排他关系。

专业化管理实施的重要内容在提升行业专业性和技术专业性。专业化水平提升要把握好两个方向，即对小企业所处行业的专业化研究和对小企业核心技术的专业化掌握。行业方面，要建立对行业发展的持续跟踪研究，了解掌握影响主要行业发展的因素，建立对行业发展的前瞻性预测体系，要对行业发展的总体趋势有敏感的判断；技术方面，要对小企业涉及的核心技术深入分析，判断其技术的核心竞争力和先进水平，分析同行技术的发展差异性，比较不同技术的优劣势、成本情况和可行性，要基于技术对企业特别是生产企业的经营状况和偿债能力作出判断。

专业化管理的核心在“人”的专业化。归根结底，小企业金融服务的专业化要落实在“人”的专业性上。构建小企业金融的专业化业务管理体系，核心在提升客户经理、授信审查审批人员的专业性，商业银行要通过招聘、培训、强化职责分工、专业职称评定、鼓励专业技术路线职业发展等一系列方式，招聘、引进、培养专家型人才，使得客户经理、授信审查审批人、运营后台人员能做到“专一行、懂一行、精一行”，能熟悉了解掌握行业、企业特征，能较好地实施同业比对，使得商业银行信贷人员真正成为行业专家。

专业化管理要贯穿小企业金融服务全流程。小企业专业化管理，不仅要体现在几个核心环节如信贷调查、授信审查审批，更要贯穿小企业金融服务的多维度、全流程，即从客户分层分析、目标客户确定到客户营销，从客户调查、授信审查到贷后检查，从产品研发管理、抵押担保方式创新到业务种类框架搭建，从前台营销管理、中台内部服务到后台支撑体系管理，专业化经营管理的理念要一以贯之，要将专业化作为商业银行小企业金融服务的核心基因。不能出现某一环节讲专业化而其他环节不匹配、不对称的情况，否则的话，专业化管理将难以落地，客户的专业性服务体验将很难达到。

专业化管理要与组织架构调整、岗位设置、职能分工紧密结合。业务管理模式是与组织架构、岗位职责分工相配合的。要想实现垂直化、条线化、专业化的业务管理模式，需要调整原有职能化的组织架构，要按照业务流程设置岗位，根据专业化特点明确各机构、部门、岗位的职责分工。比如，在对企业进行信贷调查时，可对信贷经理岗位进一步细分为客户经理和风险经理，由信贷经理负责小企业客户的拓展营销和关系维护、业务受理，由风险经理专门负责对信贷客户进行风险评级和准入审核，以及从风险角度对客户开展贷前调查，出具风险审查报告，供后续授信审查人员参考，此种岗位设置和职责分工有助于强化不同岗位人员的专业性，提升了小企业业务的整体专业化服务水平。

3.2.2 以客户为导向的批量化管理

批量化管理是小企业业务节约成本、实现规模效益的重要方法，也是提升业务效率的有效策略。批量化管理不仅指批量化的客户营销，也包括批量化的业务处理，批量化的市场分析，等等。批量化管理的基础是以客户为中心，要强化客户三分，即客户分析、分类、分层，将不同类型的客户在全面分析的基础上进行分层分类管理，从而使得业务管理在批量化的同时做到精细化。

1. 以客户为导向的核心要点

以客户为导向要突出客户分析、分类和分层。分析、分类、分层“三位一体”（见图3-3），互为支撑，为统一体，其核心根本为以客户为中心。

客户分析是综合。小企业业务的营销管理、授信审批的基础是客户分析。只有充分分析客户，才能了解掌握客户的类型、大小、行业和企业特点，才能相对应制定适合的授信政策、授信方案和风险管理方案。客户分析要立足于真

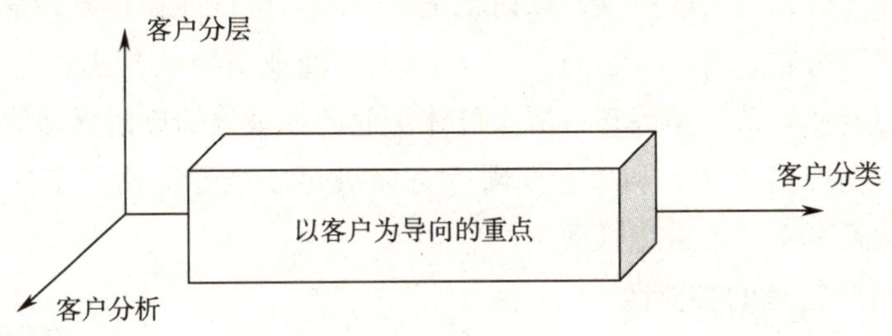

图3-3 客户分析、分层、分类的“三位一体”关系

实信息的获取，双人调查、现场调查、交叉信息检验、关系型信息获取等多种方式齐头并举，确保信息来源的多渠道，信息的完整性、准确性和真实性。以此为基础，开展各维度上的客户分析，如横向维度上的客户分类和纵向维度上的客户分层。

客户分类是横向维度。分类标准是多种类的，比如行业标准、技术标准、生命周期标准、性质标准、上下游标准等。因此，分类标准的选取要突出客户的核心属性，比如，一家制造企业在市场竞争中的最大优势是其专利技术，则应将技术分类作为该客户分类的重点，再如一家商贸类企业在市场竞争中的最大优势是其销售渠道，则应将其分类标准界定为上下游标准，后续分析其在供应链中所处上下游的位置和相对地位。在选取分类标准后，具体界定某一客户的类型，细化分析其与同类客户相类似的共性特征及其独有的个性特征，再结合此类客户的共性化的历史授信经验，制定适合于该客户的授信方案，研判企业授信风险（见图3-4）。

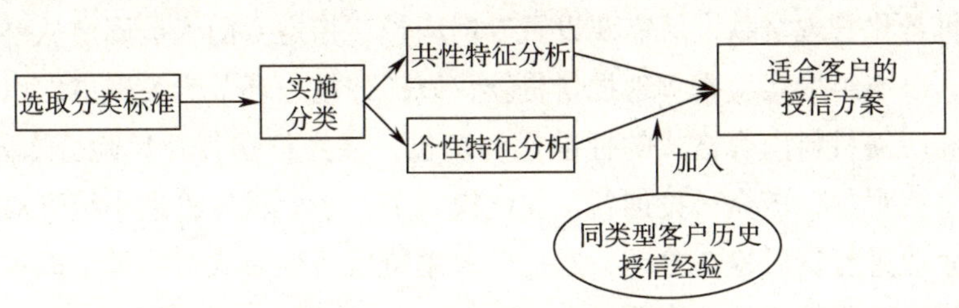

图3-4 客户分类的具体内容和程序

客户分层是纵向维度。相比于横向维度的客户分类，客户分层则是纵向维度，即根据客户所处的在同一类型企业中的规模大小、价值大小，对客户进行分层，即大中小客户，或者高价值、中价值、低价值客户，继而分析其对商业银行的贡献度，研究如何制定有针对性的综合营销方案，最后，对同一层次的

不同类型客户研究其关联关系，探讨批量化管理的可行性和具体方案。

在客户“分析、分类、分层”的基础上，商业银行要把握群体客户的共性特征，制定针对某一类或某一层次群体企业的批量化的授信管理体制，以客户为导向，在授信金额、利率、期限等方面满足小企业灵活、多样的信贷需求，从而做到真正的批量化管理。

2. 批量化管理的必要性

批量化管理体现在营销管理、授信审查审批、贷后管理等方方面面，可以使得小企业金融业务的客户数量快速扩张，处理效率更高，平均业务处理成本下降，风险大大降低。

批量营销客户可提高营销效率，迅速扩大客户量。商业银行采取商圈融资、市场融资、供应链融资和产业链融资方式，可以成百上千地导入中小企业客户，采取批量化调查方式，一次性获取大数量客户的资料，这种方式比一户一户调查的效率高很多，可以实现迅速扩张客户数量。

批量“生产”贷款，可提高业务效率，提高单产量。通常，贷款的审查审批环节、合同签订、放款审核环节由商业银行各职能部门条线管理，由基层行发起的审查审批请求层层递送到总行部门审查审批，如果按常规模式即一笔一笔报送，耗时耗力，效率较低，难以达到小企业贷款迅速快捷的要求，且单笔成本高昂。如果采用类似于住房按揭贷款的批量化审查审批，设置专门工序岗位，配置专门人员，流水线作业，批量化生产，则快速高效。

批量管理贷款，提高贷后检查管理的集约化水平。传统的贷后管理模式主要依靠客户经理的定期检查回访和日常联系，固定联系一家客户，走单对单模式。而批量化管理贷款，就需要设置专门岗位，指定专门人员固定从事贷后管理工作，以小组形式检查管理批量贷款，以抓住核心环节为突破口，以贷后检查模式和所需材料内容格式的标准化为契机，注意把握行业风险分布及规律，注重现金流观察，依靠科技创新，在此模式下，一个贷后管理小组可对批量化的集群企业进行贷后检查管理，远比单对单贷后管理模式节约员工成本，提高了整体贷后管理的集约化水平。

批量化管理使得小微金融“大数定律”式风险管理成为可能。“大数定律”是指在一个随机事件中，随着试验次数的增加，事件发生的频率趋于一个稳定值。具体到小企业贷款方面，“大数定律”表现为当贷款户数笔数达到一个较大值后，出现不良贷款的比率呈现稳定性的较小值，信用风险广泛分散。因此，要实现“大数定律”式风险管理，前提是大量的客户数和贷款笔数，这就需要商业银行实施批量化的业务管理与之匹配，否则很难实现。

3. 批量化管理的核心要点

第一，批量化管理要注重把握不同集群客户的需求特征，针对性地开展集群管理。比如，设计专门的产品方案，围绕核心企业上下游开展批量营销，对不同客户采取分级授信。再如，在授信审查审批中，要注重对集群客户共同的、主要的特征做专门研究分析，不纠缠于个体分析，在“信贷生产”的各流程环节中始终以同类型客户、关联度较高客户作为客户群分析。再如，在总结不同群体（行业、区域、上下游等）信贷经验的基础上，细化制定专门针对某一主要群体的标准化的授信方案、客户准入标准、担保方式等，争取实现前中后台作业标准化。

第二，批量授信平台搭建是批量化管理的重要内容。批量授信平台的核心是利用各种渠道和方式将松散的小企业集合为一个授信申请整体，将针对单户小企业的个体授信转化为针对整体的营销服务。搭建授信平台要把握集群化授信的关键点，即对核心企业、重点企业的掌握和强化核心企业与各小企业间的关系约束，要做到以“大授信”约束“小授信”。此外，平台的搭建要配合流程优化、制度建设、人员培训等内容共同进行，要注重商业银行内部整合，包括总行部门之间、产品之间以及营销渠道之间的整合。

第三，批量化管理的支撑在于实现系统的自动化处理。目前绝大多数商业银行都有独立的计算机核心系统、授信审查系统、风险管理系统等，但此类系统在功能上主要是针对一般性客户来设计的，而没有专门的适用于小企业金融的管理系统。这就造成商业银行小企业金融业务要么套用传统大中企业客户系统参数指标，缺乏针对性和适应性，要么完全脱离系统操作，基本依靠手工劳动和敬业精神来完成小企业贷款，自动化程度低。显然，落后的技术手段不足以支持大规模发展小企业贷款，严重影响小企业信贷投放的速度、效率和质量，不利于精细化管理和服务的实现。因此，从中长期看，商业银行小微金融业务要实现批量化管理，离不开小企业信贷系统的专门开发，离不开系统的自动化处理。

第四，专门化的产品设计是开展批量化管理的有效渠道。尽管小企业金融不同于以产品为主导的个人金融，但以客户为导向的重要实现手段是产品的不断优化，而产品的专门化、专业化又是实现小微金融产品优化的核心方法。研发设计一系列适合于某一类型群体企业的专业化产品，一方面是以客户为中心、提高客户满意度、忠诚度的重要体现，另一方面能够有力支撑商业银行针对该类客户开展定向营销，为中后台批量化管理提供可能，此外，还有利于商业银行根据产品把控客户风险点，掌握核心控制点，提高中后台批量化管理的效率与质量。

3.2.3 以效率为先的流程化管理

与大中企业业务相比，小微业务的竞争抓手在于业务效率，因此，打造高效快捷的业务管理体系是商业银行做好小企业金融服务的核心要点。而实施小微金融流程化管理将显著提高业务效率，减少时间成本，打造商业银行小企业业务的核心竞争力。

具体而言，小企业金融业务的流程化管理是指商业银行针对小企业客户数量多和资金需求“短、频、急”的特点，借鉴制造类企业“流水线”作业的方式，将小企业信贷操作的前中后台业务分离，变“部门银行”为“流程银行”，按统一的流程标准分岗操作，每个岗位配备独立、专业的人员，各司其职，以提高小企业融资服务和风险控制效率。

1. 小企业金融流程化管理的必要性

流程化管理是提高业务效率的必要方法。通常，小企业贷款主要环节包括申请受理、客户调查、授信审查、审批、合同签订、放款审核、贷后检查等。其中，耗时较长的环节包括调查、审查审批、放款审核等环节，尤其是审查审批环节。如果沿用传统的职能型组织架构和业务管理模式，即由总行职能部门分管某一环节工作的方式，如总行授信审查部门负责小企业业务的授信审查，授信审查部牵头发起贷审会组织审批，风险管理部负责放款审核和信贷归档，那么，一笔由支行发起的小企业贷款需要经过支行行长、分行主管部门负责人、分行分管行长、分行行长、总行授信审查人员、授信部负责人、贷审会同意后才能进入合同签订环节，整个过程要经历十几个环节，耗时较长，如果分行与总行在物理上相隔较远，则中间时间耗费更是厉害。相反，采用流程化管理，在小企业事业部内设置行使审查审批职能的岗位如独立审批人，总行授权小企业事业部直接审批放款相关贷款，那么中间环节大大缩减，材料传递更加直接和“端对端”，审查审批的时限大大缩短，小企业客户追求快捷高效的要求才有可能实现。因此，流程化管理是提高小企业业务效率的必要方法。

流程化管理是适应小企业业务特征的自然要求。小企业融资“短、频、快”的特点决定了商业银行小企业业务的服务效率是赢得客户满意的核心要素。而流程环节的流转效率是小微金融服务效率的最重要内容，改革小微业务的流程环节，将传统职能部门下的“先纵后横，横纵交错”的流程转变为小企业事业部内部的“横向流程”，缩短“端与端”之间的响应速度，提高流转效率，降低部门与部门间的协调沟通成本，满足小企业的效率要求。

2. 小企业金融流程化管理的核心要点

工序细分。商业银行借鉴制造业企业的“流水线”生产方法，在产品开发完成后，将小企业业务流程划分为多道工序，主要工序包括市场营销（包括客户筛选和客户营销）、业务受理和尽职调查（包括准入测试）、审查审批、贷款发放（包括核保、集中登记、档案管理）、贷后管理（包括预警监控）、集中清收六个主要环节。工序环节较传统模式大大减少。针对各工序设置“生产”时限和“流转”时限，强调工序流转过程中的“端对端”对接（见图3－5）。

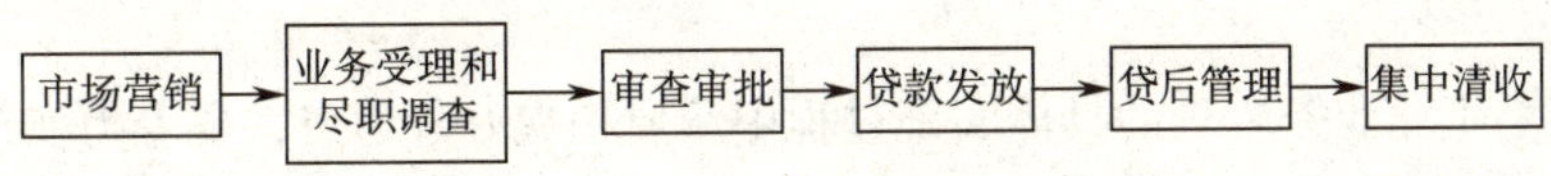

图3－5 小企业信贷主要工序细分

专业化分工。流程化管理要求各项工序指定专人专岗负责，将传统“部门银行”模式下的部门对接转变为部门内部的岗位对接、人员对接。具体某一工序的生产作业效率很大程度上取决于执行该工序的岗位人员的专业素质高低。这就要求小企业业务要树立专业化分工理念，要根据各岗位的专业素质要求配置合适的人员，并加以专业化的培训指导，使其在实际操作中总结经验，强化专业技能，不断提高业务操作水平和工作效率，由各岗位效率的提高促全流程的时间节约，确保效率为先。如可在审批岗位上设置不同级别的独立审批人，根据其级别高低授予不同权限，各专业审批人可在审批权限内直接批复，从而有效提高小企业贷款的审批效率。

搭建独立运作平台。小企业金融的信贷受理、调查、审查审批、贷款发放、贷后管理等业务运作应集中于一专业平台，此平台应独立于全行大中企业业务的运作平台。具体包括流程环节的独立、信息系统的独立、授权的独立等。搭建此独立运作平台，要结合对小企业金融业务特别是信贷业务特点的深入分析，要着重把握小企业贷款批量化、集中化、流程化、自动化的特征，要集合前中后台业务各项操作，相互支持。此外，从纵向看，小微业务独立运作平台要延伸至分支行，确保总行小企业部的小微业务流程能在分、支行层面切实落地，并保持统一性，使得独立运作平台真正成为专业服务小企业的业务平台。

积极进行业务流程再造。通过小微业务流程梳理，梳理出小微业务实施过程中耗时较长的环节，分析研究造成的原因；在此基础上，实施业务流程再造，缩减合并小微业务中的部分环节，重新设置业务流转次序，实现信贷业务的流水作业，提高业务办理环节的专业化水平，实现流程化、工具化；结合差别授权、转授权机制，通过部门会签或有权人会签的方式，减少小企业业务审批环节，提高审查审批效率；在风险可控、确保合规的前提下，适当简化调查、审查审批、放款审核、贷后管理等要求的手续，实现贷款“提速”。

3.3 小企业金融业务管理的着力点

在小企业业务管理的具体实施过程中，要把握好着力点，要着力实现产品和业务操作标准化、授信审批流程化、贷后管理集中化和信息搜集的分散化，着力构建科技信息系统对小微业务管理创新的有力支撑，从而降低业务管理成本，实现小企业金融业务的效率提升、风险可控和规模效益。

3.3.1 产品和业务操作标准化

标准化应贯穿于小企业金融业务管理的全过程，包括小企业金融产品的设计研发、业务操作等各个环节。

1. 授信产品的标准化

产品研发流程的标准化。必须在充分市场调研的基础上首先确定目标客户群体，分析目标客户需求特征，确定产品核心要素及主要特点，明确主牵头部门和协办部门，成立产品研发专项小组，明确分工，强化职能，设置研发时限，产品出来后在新产品研发委员会上审议通过，在试点区域内试行投放，搜集客户反馈意见，据此进行再次修改完善，而后正式全面推出，整体流程大致如此。

产品研发原则的标准化。设计标准化产品时必须遵循“以客户为中心”“小企业全面金融服务”和小企业信贷“六化”原则，基于客户细分、市场细分和客户贡献度差异设计多样化需求的产品组合。针对不同客户群体、基于客户不同成长阶段的差异化需求进行设计，既要考虑“集群性”，以便进行标准化、流程化和批量化生产和销售，又要考虑风险分散功能，对不同行业、区域以及抗经济周期能力进行组合设计。

目标客户的标准化。对具有相同贷款用途、还款来源、信用基础的目标客户进行标准化，分析该群体客户的共同特征、核心需求和主要风险点，强调共性把握和总体分析，在此基础上，有针对性地设计研发专门的信贷产品。如针对性地设计主打产品的核心要素，明确产品主要投放的行业和区域，制定产品手册和产品营销手册。

产品内容的标准化。产品核心要素要统一，如信贷产品要明确期限、担保方式、还款方式选择、利率等，理财类产品要明确收益率、期限、标的资产等，并要内嵌风险控制条款，囊括风险提示。具体到某一产品方案中，产品的特点、适用对象、业务流程要标准化，使得客户经理、客户能第一时间知晓产品的核心，能在第一时间作出产品是否适合的判断。

2. 业务操作标准化

作业程序标准化。在贷款流程上，严格按照市场营销（包括客户筛选和客户营销）、业务受理和尽职调查（包括准入测试）、审查审批、贷款发放（包括核保、集中登记、档案管理）、贷后管理（包括预警监控）、集中清收六道工序执行每一笔贷款，使得整个流程成为一条标准生产线，产品部门成为“放款机器”。

对小企业贷款进行标准化的流程设计，使得每一个环节都包含了标准的操作方法、工作结果评价以及相应的控制手段。信贷人员的营销难度大大降低。

操作方法标准化。即针对每一环节的操作方法进行标准化设计，如贷款调查中的调查程序、重点和注意事项进行标准化，使得每一位经理普遍遵循统一的标准操作方法。再如，对授信审查中的审查要点、审查方法进行标准明确，使得每一位授信审查人员能依循该岗位的操作技术要求，做到迅速抽离出每份调查报告和贷款方案的核心风险点。

操作规范标准化。针对某一工序岗位严格提出标准化的操作规范和工作要求，定期检查和不定期抽查，确保各岗位人员能严格按照本岗位的工作要求操作，辅之以各项制度保障，如建立一系列标准化业务操作规范，包括小企业贷前调查、贷后检查模式和相应的标准材料格式文本，以表格为主，规范业务办理中对小企业财务因素、非财务因素、现场检查、非现场检查等工作内容，避免客户提供大量资料，内部也需统一审核和审批的标准。

3.3.2 授信审批流程化

授信审查审批流程化的原理主要是通过流程梳理、程序简化和岗位设置，建立“端对端”的审批机制，通过专岗专人提高授信人员的专业性和熟练程度，提高审查审批效率，满足小企业“小、急、频”融资需求特点。具体可采取的措施如下：

一是优化审查审批原有流程。梳理原有的审查审批流程，绘制出授信审查审批流程图，结合小企业信贷特点，梳理每一环节的具体要求、响应时间、需要资源、风险要点，找出耗时占比较大的核心环节，分析原因，制定改善方案，加以实施。要跳出传统信贷理念的束缚，认真研究哪些工序可以整合，哪些工序可以简化，并制定标准化的作业手册和流程图，以表格的形式详细列出每一道工序需要的时间、人力以及其他资源要求，提升小企业信贷运作效率。例如，针对授信审查中常见的资料搜集不齐全、报告信息不完整问题，可出台标准化的授信审查资料搜集的专用表格文本，加大对客户经理的专业培训力度，强化资料搜集、报告撰写的专业要求和相关考核，避免资料搜集和报告撰写的“二次返工”，提高时效。再如，针对异地分行到总部参加信贷审查过程中因距离较远，来回时间较长，影响效率问题，可以尝试异地派驻专业审查审批人员，或者通过视频会议、资料信息电子化传递等手段来解决。通过“抓核心环节时效”优化原有流程，提升总体授信审查审批效率。

二是转变“部门银行”模式为“流程银行”模式。打破原有公司业务授信由基层行发起，经由分级分口的多部门多层次审查审批的传统模式，着力打造“流程银行”模式，变纵向流程为横向流程，根据授信审查审批各环节设置专业岗位，给予不同职责和授权，纳入整个小企业金融部内部组织架构，形成在小企业金融部一个部门内横向流转的流程体系，构建起“端对端”的对口机制，上下游工序紧密衔接，前中后台职责清晰明确，岗位与岗位之间密切配合，落实各岗位的时限要求，避免部门与部门间推诿拖延。

三是建立专业审批人制度。转变传统的信贷审查会模式，建立专业审批人制度。设置专业审批人岗位，明确该岗位职责和不同级别所对应的权限。通过选拔、培训、考试，严格把关，逐步培养专业审批人队伍，使其作为信贷风险防控的“总闸”。专业审批人负责对辖内中小企业授信业务进行独立审批，对任期内授信业务的决策质量负责，并确保授信审批效率；同时进行行业调研，确定区域行业授信政策和授信标准；定期提交资产管理分析报告。对于专业审批人制度建设，应坚持“宁缺毋滥”原则，强调“高标准，严要求”，在授权标准制定上应相对保守，待专业审批人素质不断提升、制度不断规范后逐步提升权限标准。

四是强化审批人派驻制，提高贷款审批效率。在实现小企业贷款业务专业化、标准化的流程式操作基础上，要采取审批人派驻经营中心制度。审批人可实行双条线汇报制度，既对小企业经营中心负责，又对总行小企业部内的风险审批部门负责。派驻制可使中心的一线客户经理在经办业务的各个环节加强与审批人的沟通，在发展业务的同时也会考虑采取哪些风险防范措施；审批人在防范风险的同时也会考虑如何有利于业务发展。总行小企业部的二级部室风险管理部要出台审批限时服务办法，要求审批人在申报材料齐全的前提下，实现当日审批。

五是完善授信审查审批的全流程监控。实现全流程监控是标准化的信贷流程执行的保障，要在各信贷环节实施标准化、流程化管理的同时开展关键点监控，突出时效监控、合规监控、服务监控，定期公布监控结果，就监控中发现的问题定期汇总，明确问题责任，要求责任部门拿出解决办法，加强整改。此外，要规范各个管理环节的责权关系，从而提高效率，增强小微业务的竞争力。

六是打造专业团队，提高服务小企业的专业技能。第一，务必加强环节间沟通，必要时可以制度形式加以固化。第二，建立专业化的人员培训机制。总行小企业部和经营中心内部应建立学习制度，定期学习最新的文件、产品、政策，并组织内部讨论，互通有无，提高学习的效果；对经办机构，通过邀请上级行或自行组织业务培训，提高客户经理营销客户、管理客户的综合能力。第三，建立客户持续跟踪机制，不断利用掌握的政策，定期梳理客户，最大限度地满足客户的需求。

3.3.3　贷后管理集中化、专业化

传统的贷后管理模式是依赖于客户经理团队进行个体化、分散化的贷后检查和管理。贷后检查通常包括现场检查和非现场检查。现场检查是指定期走访客户，了解掌握客户企业的经营管理情况和贷款使用情况，分析行业形势，评估企业信用风险情况；非现场检查包括要求授信企业定期提交贷款使用情况报告和财务报表，掌握企业贷后信息。

小企业信贷特征决定了贷后管理要走集中化、专业化模式。小企业信贷业

务户数多、笔数大，客户区域分布广，随着业务的不断发展，贷款存量不断增加，每个客户经理承担的贷款存量维护和增量营销任务繁重，且多数客户经理为完成考核任务都将工作重心放在增量营销方面，投入在贷后管理的精力相对较少，甚至很多时候贷后管理沦为形式，这与贷后管理日渐重要的趋势相背离。而且，目前，商业银行部分基层机构在贷后管理工作中存在管理意愿不强、管理人员缺失、管理方法落后等方面缺陷，因此，需要探索中小企业贷后集中管理模式，建立专门的贷后管理队伍或差别化的监控管理模式，安排专人进行贷后回访检查，明确职责，对中小企业实行专业化贷后管理，提升贷后管理工作质量。

在构建集中化的贷后管理模式上，需要着重建设以下几点：

（1）从组织架构上明确集中贷后管理的有关机构。要在总行小企业金融部内设小企业信贷贷后管理岗位，成立专门团队，负责集中化的贷后管理，明确其职能。要求客户经理开发的客户在授信一定时间（如 3 个月）后需移交贷后管理经理管理。贷后管理团队对全行小企业授信客户进行详细分类，在此基础上分户到人，由专人负责与客户经理定期走访检查授信企业及其上、下游客户和商业伙伴，检查授信客户的交易记录及业务往来情况，定期审查授信客户的营运及财务资料等，动态把握客户生产经营状况和资金流向，此项任务纳入对贷后管理专职人员的考核。贷后管理经理和客户经理走访后按照报告要求撰写检查报告，提交贷后管理团队汇总整理分析，继而尽早发现问题，做到风险预防和风险识别。

（2）从管理模式上完善风险预警和差异管理。本着“减少重复劳动、增加集中操作，推行系统处理，发挥风险经理岗位职能”的原则，对小企业贷后管理实行预警触发和差异管理模式。预警触发即由贷后管理经理定期采取非现场方式搜集分析借款人和实际控制人贷款使用信息等对小企业具有明显风险识别能力的预警信号，对出现预警信号的，进行必要的现场检查。对未出现预警信号的，可灵活设置“下一检查日”，细化不同业务、客户的检查频率与内容。差异管理，一是指差异化的贷后检查频率。可对担保债项较强的业务、战略客户以及其他分行认可的客户下调检查频率。二是指差异化的管理主体。贷后管理经理主要牵头管理预警级客户的管理和检查，客户经理负责非预警级客户的管理和检查。三是指差异化的参与人数。预警排查以及预警客户的现场检查须由双人实施，其他客户的现场检查可以由单人实施。

（3）要完善小企业信贷贷后管理的指标检测体系。在小企业信贷贷后管理的指标检测方面，可借鉴淡马锡“信贷工厂”经验，设计“81 项贷后预警指标”。这些指标主要根据淡马锡的客户数据库进行层层提炼，基本涵盖了中小企业的各种风险特征，分别由销售、情景分析、押品管理、预警、柜面和内控六类岗位独立监测，相互印证和预警。

此外，要逐步建立中小企业信贷风险预警管理系统，以增强贷后风险管理的科技性和专业性。商业银行在中小企业贷后管理工作中，可以参照大中型企业客户贷后管理模式，开发中小企业风险预警管理系统。通过客户经理、风险经理及相关人员日常管理工作中发现、识别企业风险信号，及时录入系统，提出解决方案，并进行决策和行动，将风险损失降到最低，实现由被动的风险控制转向主动风险管理，并通过该系统建立便捷有效的风险信息沟通传递渠道和平台，使前中后台，以及上下级之间的信息沟通和决策能够及时、有效。

3.3.4 信息搜集分散化、多渠道化

为了防范小企业信贷风险，需要从多角度、多渠道搜集企业“软信息”，向知情人士、行业协会、上下游客户等进行外围调查，对产业链条上企业客户的基本情况进行交叉印证。信息搜集的分散化、多渠道化，可以尽可能多方验证信息的真实性、完整性和准确性，可以做到“兼听则明”。

第一，加强“三品、三表”调查，搜集掌握企业信息。所谓“三品”，就是指人品、产品、押品，其中人品是第一位。一是看人品，主要解决“信不信得过”的问题。首先看借款人自身的情况，是不是诚实守信，有没有不良嗜好等。其次，看他的家庭情况，看是否家庭和睦。最后，还要看他的社交情况，看他交往的朋友和口碑。二是看产品，主要解决“卖不卖得出”的问题。简单来说，就是看客户产品在市场上有没有竞争力，销量怎么样，附加值高不高。三是看押品，主要解决可靠性问题，关注客户的有形物品如房产、汽车、土地、设备等；无形物品如存单、票证、购销合同等，以及保证担保的作用。通过人品评估其还款意愿，通过产品评估其还款能力，通过押品评估其还款保障。“三品”属于客户软信息，是从定性层面了解小企业客户。所谓“三表”，是指水表、电表、海关报表。一是看水表，水表能清楚反映生产型企业的生产和经营状况，为判断风险提供最及时的通报和预警。二是看电表，电表可以反映企业有没有生产，生产变动情况如何。看水表和电表，不仅要看用量、增量，还要看缴纳费用情况和欠费记录。三是看海关报表，对于外贸型小企业，来自海关的进出口数据信息往往比较准确，看海关报表可以知道企业产品销售

如何，出口如何。“三表”能为银行提供比较真实的企业信息，有效验证和补充企业的财务报表①。

第二，注重外围调查，从其他渠道获取验证被调查企业的相关信息。比如，通过行业协会，了解该企业在行业内的地位排名和经营特色，了解其与同行企业间的关系及其在业内口碑；再如，通过走访上下游客户，了解被调查企业的现金流、应收应付账款情况及企业主的人品情况；通过走访市场，获取被调查企业在同类市场中的销售情况和市场管理者对其信用状况的反馈信息；通过中国人民银行征信系统调查，掌握其历史贷款和信用状况。凡此种种，通过外围调查，多渠道、多方面掌握企业的各类信息，与调查企业内部得到的信息相验证，共同组合，构成信贷调查的全部信息，为后期授信审查审批和贷后管理提供参考。

3.3.5 科技创新是支撑

要实现小企业业务办理的标准化、批量化、工具化和流程化，科技创新是支撑。商业银行持续性、低成本做好小企业业务管理，离不开科技手段创新和信息系统的强大支持。在核心业务系统或信贷管理系统，要单独设置小企业金融模块，并使其至少有下列功能：

（1）自动优选客户功能。在信贷系统中通过对客户基础资料的分析，综合其在商业银行现金流情况、各种金融业务办理情况等因素，自动筛选优质目标客户，提示客户经理主动关注，变被动营销为主动营销。（2）快速业务受理功能。通过开通网上银行、电话银行等，开放多种渠道接受小企业业务申请，并通过设置标准化的业务受理初审模板，实现小企业业务的快速受理。（3）自动风险评级功能。在信贷系统中制定小企业专门的信用评级模型，综合考虑小企业财务因素和非财务因素，实现小企业风险评级结果的自动生成，在简化工作流程的同时，还能够为风险定价提供科学的参考依据。（4）自动风险定价功能。综合考虑小企业风险评级、担保能力、业务成本、预计综合收益等，通过科学的数据模型，自动生成产品定价，实现“收益覆盖风险和成本”。（5）简化业务流程功能。结合转授权机制，单独设立小企业业务的申报审批流程，实现流程的自动控制；同时增加在线审批功能，通过非现场会议审议的形式，进一步缩短审批时间。（6）自动风险预警功能。在信贷系统中设

---

① 李镇西：《小企业金融服务研究》，北京，中国金融出版社，2011。

立日均存款、月结算量等预警信号指标值，通过系统数据的提取和对比，实现自动风险预警信号的自动生成；同时，根据监管部门要求和建议，在系统中建立小企业五级分类矩阵模型，区别于一般客户的风险管理。（7）违约信息通报。在系统中建立违约客户名单（黑名单）数据库，通过对比新增及存量客户信息，实现黑名单客户的自动提示。（8）业务自动考核功能。在系统中，通过信贷管理系统、核心系统和客户经理考核系统间的数据传输，设置区别于一般业务的考核系数，实现对小企业业务考核的自动计算，以支持对小企业业务的独立考核、专项奖励。这些功能一旦实现，可以有效地解决小企业信贷风险管理自动化和成本较高的问题，可以对小企业客户进行批量化管理，从而为商业银行大规模、高质量发放小企业贷款提供有力的技术支持。

3.4　实践中小企业金融业务管理的具体创新

3.4.1　将现金流作为授信审查审批的核心考察要素

传统公司类贷款模式下，将财务报表分析、抵押担保作为授信审查审批的核心考察要素。但对于小企业来说，财务报表不规范甚至没有，抵押担保更是欠缺，这就需要寻找新的授信审查审批的核心考察要素。

相对而言，现金流分析是较好的考察要素。现金流量分析是小企业财务分析的核心内容，是判断还款能力的重要依据。现金流作为核心考察要素具有以下几条优势：

一是可控性强。企业在拟贷款银行开立基本账户或一般账户，其经营流水可在银行账户中实时提现。商业银行通过调取其账户内现金流入流出记录，可分析企业的资金实力、现金流动规律，继而，可根据其流水记录，判断其偿还贷款的可能性和能力，提前作出预判。此外，在贷后，商业银行可通过控制观察其账户的流水，对企业贷款用途、流向加以跟踪，如果企业连续大额走款且流向不明，可对其贷款偿还能力提出质疑，从而早介入，尽早识别信用风险，做到风险预防的前置。

二是能准确反映企业的资金松紧状况。相对于资产负债分析和盈利分析，企业主要银行账户的现金流水更能反映企业的资金流动情况，而现金流作为第一还款来源，其松紧直接决定了企业偿债压力和违约概率的大小。授信审查选择现金流作为核心考察要素，有助于银行在第一时间了解掌握企业资金松紧情况，为授信评级给予更客观更直接的评价，为贷后管理提出更直接的风险研判。

三是真实度高。由于小企业的固定资产如厂房、土地普遍较少，应收账款、存货相对较多，如果仅凭对可偿债资产的分析，容易造成虚假判断，即小企业资产对贷款的资产保障度较高，但多数保障资产的流动性较差。而现金作为流动性最强的资产，商业银行通过对现金流水的紧密跟踪和详细分析，可以找出其现金流对偿债来源的保障度，即量上是否覆盖，时间周期上是否匹配，得出的结论更具有真实性和准确性。

因此，越来越多的商业银行在发放小企业贷款时，将现金流作为授信的核心考察要素。在授信资料提供方面，企业必须提供至少一年的企业及企业主个人的银行流水，将银行流水与企业具体生产经营活动相结合，分析企业的经营性现金流量及其变化情况。对企业基本财务指标的分析可适当简化，突出对经营规模、应收账款、应付账款、存货等直接影响营运资金的指标的审核。贷后管理方面，商业银行紧密跟踪授信企业的现金流水情况，掌握其规律，防范其出现大量的不明流出。

3.4.2 集群化授信模式

集群化授信模式是指商业银行转变传统的针对某一客户企业进行授信审查审批的一般模式，转而对集群客户进行集群授信。集群化授信是小企业信贷业务发展中迅速扩展客户数量、有效管控信贷风险的有效手段，也是目前各家银行在开展小微金融业务时的重要选择。

通常，产业集群是客户集群化授信选择的重要维度。所谓产业集群是指集中于一定区域内特定产业的众多具有分工合作关系的不同规模等级的企业，以及与其发展有关的各种机构、组织等行为主体，通过纵横交错的网络关系紧密联系在一起的空间积聚体，代表着介于市场和等级制之间的一种新的空间经济组织形式。在产业集群内，往往有处于龙头地位的核心企业，而核心企业一般是实力强、信誉好的优质企业，多数是大型国有企业集团和上市企业。对于围绕这些核心企业生存与发展的中小企业，由于其处于核心企业产业链的上下游，与核心企业存在业务往来，关系密切，商业银行可通过产品设计，通过集群化授信模式，用优质大企业的信用覆盖中小企业的信用，达到小企业信用增级的目的，使得许多原本不符合商业银行授信标准的小企业成为了银行客户，大大拓展了客户数量和范围。同时，将小企业的高信用风险转移由具有较强授信评级的核心企业分担，实质上提供了一种隐性担保机制，将对单个小企业的风险防控转变为对整个集群体的风险防范，实质上是将个体风险通过大数定律进行了显著分散，风险分担与分散的机制设计有助于缓释小微金融业务中固有的高风险，有利于小微贷款的发放和业务的开展。

在具体操作上，集群化授信模式可基于核心企业、市场、商会等主体开展，比如，对核心企业给予总盘子授信，上下游中小企业采用订单融资、应收账款融资、存货融资等方式获得贷款，核心企业对中小企业贷款提供“隐性担保”，商业银行借此批量化地获得客户、发放贷款。再如，商业银行针对某一行业商会开展批量化营销和集群化授信，由行业商会的合作基金对整个集群授信提供担保，商会内部各商家对商会提供反担保。此种模式也可以针对某一专业市场开展，市场开发商对市场内拟融资商户进行担保，商业银行对市场内的数百家商户开展集群授信；在市场内部，商户可用其商铺承包权提供反担保。

商业银行采取此种集群化授信模式，可以在短时间内快速拓展客户，扩充客户数量，同时，采用规模集群授信，也能分散单个商户的信用风险，提供同类商户对信贷风险的分担机制。这是风险管理的一种良好模式。

3.4.3 建立适合中小企业的授信评级体系

一般来说，适合于中小企业的授信评级体系，应该具备三大功能：一是能够有效区分违约客户，即不同信用等级的客户违约风险随信用等级的下降而呈加速上升的趋势。二是能够估计客户违约风险，即能够估计各信用等级的违约概率，并将估计的违约概率与实际违约频率的误差控制在一定范围内。三是具有利率定价功能，即可通过对客户的评级，确定利率水平。需要指出的是，由于小企业在信息、风险、经营习惯、财务等方面具有区别于大中企业的显著特点，因此，在构建适合于中小企业的授信评级体系的过程中，不能简单照搬大中企业的授信评级模型，需要在评级项目、指标、权重、评价方法等方面作出调整，以便更好地适应小企业各方面的特点。

在此三大原则的指导下，构建适合于中小企业的授信评级体系，需要把握以下几方面着力点[①]：

一是恰当选择评价信用评级的信息，提高信用评级在信息来源上的科学性。信用评级仍采用评分制，但在参数和权重上应根据中小企业特点重新设计，即要求客户经理团队按照“实质重于形式”的原则搜集客户的重要信息，其中不仅要包括资产、负债、营业收入、支出、利润等常规性财务信息，也要包含纳税申报表、电费凭证、银行对账单、运输发票等大量非财务活性信息，还要包含企业主个人履约状况、经营管理能力、个人生活习惯等非定量信息，然后根据这些信息全面、综合研判企业主及其家庭的资产负债情况、企业主人品习惯及社会评价、企业销售情况等考察项目。这一变革可使得评价小企业信用水平的信息来源更加广泛，更加贴近小企业实际，也可使更多小微客户获得较以往更高、更符合实际的信用等级。

二是在授信评级模型中，引入反映企业经营活力的指标。从较长时间来看，中小企业的经营发展存在较大的不确定性。对中小企业经营状况的把握，不仅要看其资产负债指标，更要注重对其经营活跃程度的判断，因为经营活跃程度直接反映其经营效率和潜在财务风险。通常，能够反映小企业经营活力的具体指标包括资产负债比率、净资产收益率、应收账款周转率、存货周转率、现金比率、经营性现金流、净资产比率等。比如，资产负债比率越高，说明其财务风险相对较高；再如，净资产收益率较高，说明其经营的盈利水平、净资产的利用效率较高，经营状况良好。

三是适当增加对以往信用记录的评判。在对小企业进行授信评级过程中，除了要注重模型打分外，还要突出适当增加对小企业以往信用记录的评判。历史记录情况在一定程度上能反映其未来状况，通过对小企业历史信用记录的考察，有助于银行判断企业未来违约的可能性，从而对企业信用状况作出相对准确的评价。

四是在信用评级体系中加入对企业发展潜力指标的分析。从中小企业生命周期来看，中小企业的发展潜力是决定其能否完成整个生命周期历程的关键，企业发展潜力越大，企业未来才有可能获得更多的现金流，才有可能按时足额偿还贷款本息。商业银行可以考察小企业的销售增长速度、盈利增长速度、用电增长比率、纳税额等指标，评判小企业成长潜力，辅助确定企业信用等级。

五是从企业上下游关系入手，分析企业信用情况。在小企业各类信息不足

① 许学军、沈旭勇：《商业银行中小企业贷款业务》，上海，上海财经大学出版社，2010。

的背景下，可以从产业链入手，从企业与上游供应商、下游客户的关系获得企业的更多信息，如下游客户集中度情况、上游供应商集中度情况、客户和供应商的地域集中情况等。

3.4.4 “信贷工厂”模式

“信贷工厂”模式是将中小企业间接融资的共性与个性进行结合的一种批处理、流程化处理模式。具体来说，就是以“流水线”的形式处理中小企业的贷款申请、审批、发放和风险控制，将中小企业信贷业务划分为营销、销售、业务申报、审批、支用、客户维护和贷后管理等环节，每一个“生产”环节都有专人负责，批量发放，批量“生产”，有人每天每月每季对“准次品”进行预警，对“次品”进行“软回收”再组合或通过法院渠道“硬回收”。

1. 原理、兴起与发展

“信贷工厂”模式起源于海外，最早由新加坡淡马锡集团创立，近年来经由中国银行、中国建设银行和杭州银行等引入国内，取得了良好的社会反响。

传统银行将业务分为客户导向、精细风险管理的公司业务，以及产品导向、批量风险管理的个人业务。中小企业处在二者交叉区域，因此业务模式也应不同。“信贷工厂”理论认为，商业银行之所以不愿意贷款给中小企业，很重要的原因是无法在成本和风险之间找到平衡的业务模式。比如，如果采用公司业务模式做小企业业务，精细化风险管理会使小企业贷款的不良率处在较低水平，但客户量很难上去，单个客户的营销成本居高不下，收益难以覆盖成本，不可持续；而如果采用个人业务模式做小企业业务，即靠产品主打，批量化做客户，短期内可以迅速扩张客户数量，占领市场份额，但同时伴随而来的是风险管理难以跟上，产生较高的不良贷款率。因此，中小企业业务需要结合两种模式的特点，寻找中间模式。

基于此，“信贷工厂法”选择客户导向的批量风险管理模式，嫁接公司业务的客户导向型营销模式和个人业务的批量风险管理模式。要实现此模式，需要在业务流程上实行客户经理负责和信贷工厂流水线作业相结合的方式，每一个部门都负责各自专业分工的环节，从而加强对整个流程的风险及品质控制。

具体来看，“信贷工厂法”要求商业银行针对中小企业的经营特征和融资需求，设计标准化特色产品，以工序细分、专业化分工为重点，搭建起独立运作平台，实现从前期接触客户到贷前调查、授信审查、审批，再到贷款的发放、贷后管理、客户维护、贷款回收、不良贷款处置各环节，均采取流水线作业、标准化管理（见图3－6）。在此基础上配以有别于传统模式的管理政策、评测指标和特色产品，最终实现产品标准化、作业流程化、生产批量化、队伍专业化、管理集约化、风险分散化。

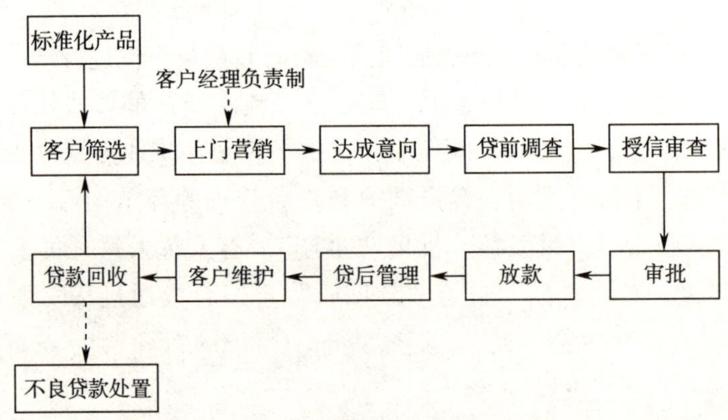

图3－6 “信贷工厂法”的流程分工

在“信贷工厂”模式下，金融机构的工作主要分为三步：第一步，标准化。金融机构将行业准入要求、客户准入要求和客户材料要求进行标准化，产品经理对授信产品进行标准化设计，小企业部对授信调查、审批、贷后监督等相关制度要求尽可能标准化规范。第二步，流程化作业。客户经理、审批人员和贷后监督人员专业化分工，流程化作业。客户经理负责上门营销、贷前调查，审批人员负责贷中审查、审批，贷后监督人员负责放款、风险预警、贷款回收，不良资产处置人员负责不良贷款清收。第三步，为了控制这一过程中的风险，在“流水线”作业中从多角度、多渠道搜集企业“软信息”，向知情人士、行业协会、上下游客户等进行外围调查，对产业链条上企业客户的基本情况进行交叉印证。

2. 国内实践①

中国银行金华市分行以新加坡淡马锡和巴塞尔协议Ⅱ的相关理念为基础，对“信贷工厂法”成功地进行了本土化改造，成为国内“信贷工厂”模式诸多试点中效果最好、影响最大的个案。

（1）流程工序。中国银行金华市分行将“信贷工厂”的全部流程大致分

① 林春山：《“信贷工厂”模式的运作机理研究》，载《新金融》，2009（10）。

为11道工序，其中，客户名单搜集与筛选、上门营销和实地考察、专业审批人尽职审批、交叉销售、贷后维护和风险预警五个核心环节创新含量较高。为保证各道工序的专业化运作，该行成立中小企业中心，内设市场、钻石（营销）、审批、放款和授后管理五个团队负责相关工作。交叉销售和硬回收等部分工序通过内部协议“外包”给行内其他部门。

（2）在拓展客户服务面上的具体做法。

一是改革评级标准，提增客户信用等级。信用评级仍采用评分制，但在参数和权重上根据中小企业特点重新设计，即要求钻石团队按照“实质重于形式”的原则搜集客户的“31项重要信息”，其中包含纳税申报表、电费凭证、银行对账单、运输发票等大量非财务活性信息，然后按照“信息证实力排序”综合研判企业主及其家庭的资产负债情况、企业主人品习惯及社会评价、企业销售情况等考察项目。这一变革使得很多客户获得了较以往更高、更符合实际的信用等级。

二是调高风险容忍度，扩大中小企业信贷投放规模。风险容忍度是指在正常经营状态下，银行对信贷业务应当承担且能够容忍的最大风险额。这一指标是全面风险管理的核心指标，是量化、细化各项业务发展规划的重要依据。中国银行金华市分行根据不良率等实际情况（中小企业不良贷款率仅为0.996%，低于全行1.13%的整体不良贷款率），单独调高了“信贷工厂”的风险容忍度，进而提高了中小企业信贷的计划增长率、可容忍不良贷款率等指标，惠及更多中小企业客户。

三是开发抵质押系数自动转换系统，提高信用贷款占比。新巴塞尔协议提供了一个风险计量模型：$(PD \times EAD \times LGD) = EL$，其中$PD$为不同信用等级对应的违约概率，$EAD$为不同风险产品的损失概率，$LGD$为不同担保方式的损失概率，$EL$为可容忍损失率。“信贷工厂”根据上述模型开发出抵质押系数自动转换系统。只要输入客户的信用等级、可容忍损失率等参数，系统将自动反馈该客户能够获得的抵质押系数上限。这样，对客户的担保不再是“一刀切”，而是根据其风险状况区别对待，部分信用等级较高的客户能够获得信用贷款。目前，中国银行金华市分行“信贷工厂”的全部贷款中，抵质押贷款仅占62%，保证贷款达38%，保证贷款占比大大提高。

四是发放“例外机制”贷款，培育具有发展潜质的客户。针对中小企业的生存发展特点，“信贷工厂”依据资产组合理念设立“例外机制”，即对一定比例值得培育的中小企业，可以在行业投向、信用等级标准之外适当放宽贷款条件，想方设法拓宽服务对象。开业4个多月以来，“信贷工厂”共向6户这类企业发放贷款1.2亿元。

五是加快审批速度，提升审批效率。“信贷工厂”采用标准化、专业化、端对端的工厂式“流水线”运作模式，审批环节从原来的近10个减少为现在的4个，审批时间从原来的近20个工作日缩短到5个工作日以内。专业审批人可在审批权限内直接批复，审批实效得以提高。

（3）在贷款风险控制方面的具体做法。

一是区别行业支持政策，控制投向风险。新模式大大突破了传统模式，授信政策、行业政策根据区域经济特征来确定，不同区域进行差别化管理。根据地级市的产业结构特点，运用主观法和客观法相互印证，把区域行业划分为优先支持、一般支持和暂不介入三大类进行管理。具体操作如下：组建15人左右的专家小组，对各个行业进行主观打分；搜集11项行业指标，输入模型后自动产生客观打分；主客观评分结果排序一致的，列入相对应的行业大类，若不一致，则搜集该行业补充信息，组织专家进行讨论，最终确定三类行业的范围。

二是上收客户初选权，避免“人情贷”。“信贷工厂”设立专门岗位负责搜集政府部门数据和外部非正规数据，然后按区域筛选出目标客户，定期将目标客户清单交给钻石团队，由钻石团队上门服务。客户经理无权自主选择客户，有利于克服“人情贷”等弊端。

三是实行交叉管理，强化贷后跟踪。钻石团队中设有开发经理和维护经理两类岗位，新客户的开发先由开发经理完成，但授信3个月后需移交维护经理管理。这一做法有利于防范营销人员和客户因关系过于亲密而影响授后管理。同时，借鉴关系型贷款理念，从招聘策略、工作地点等方面推动钻石团队的社区化，降低信息不对称风险。

四是建立专业审批人制度，作为信贷风险防控的“总闸”。专业审批人必须参加中国银行总行的统一考试，考试通过并经总行认可后方可履职。专业审批人对辖内中小企业授信业务进行独立审批，对任期内授信业务的决策质量负责，并确保授信审批效率；指导情景分析人员，进行行业调研，确定区域行业授信政策和授信标准；定期提交资产管理分析报告。中国银行金华市分行现有1名4级审批人，审批权限为2 000万元，近期将增设1名3级审批人，2名5级审批人。

五是借鉴淡马锡经验，设计“81项贷后预警指标”。这些指标主要根据淡马锡的客户数据库进行层层提炼，基本涵盖了中小企业的各种风险特征，分别由销售、情景分析、押品管理、预警、柜面和内控六类岗位独立监测，相互印证和预警。其中，独立内控人员的主要职责是反欺诈和合规监控，对防范内外勾结等因素引发的道德风险、骗贷风险和违规风险起到重要作用。

（4）在管理激励方面的政策设计。中国银行金华市分行“信贷工厂”借鉴国外事业部制的运作理念，全面改革业务管理、绩效管理和责任追究制度，使中小企业中心具备独立运作和可持续发展能力，实现客户、银行和员工的“三赢”。

一是开发风险定价系统，提高综合收益。其基本公式为（贷款收益＋交叉销售收益）－（资金成本＋风险成本）＝经风险修正后的综合回报率（RAROC）。“信贷工厂”根据上述模型开发风险自动定价系统，系统有成本类、风险类和收益类三种参数，分别包括 11 项、6 项和 7 项指标。只需输入相关指标，系统将自动反馈利率定价的下限，从而降低了定价的随意性，落实了“以收益覆盖成本和风险”原则。中小企业客户的拓展为中国银行金华市分行带来了丰厚的综合回报。据统计，“信贷工厂”新模式推出不到 4 个月，中国银行金华市分行已新增中小企业客户 150 余家，带来国内结算量 30.7 亿元，国际结算量近 4 000 万美元，信用卡卡量 2 484 张，中间业务收入 684 万元。

二是尊重国内实际，实行“双线管理”。双线管理是指对于钻石团队由中小企业中心和县支行共同实施矩阵式管理，业务任务指标、日常培训指导等由中小企业中心负责，人员和团队的业绩考核仍按行政层级操作。这一管理模式不同于国外事业部制的条线垂直考核，也有别于国内以行政区划为基础的层级管理，较好地适应了国内商业银行的管理现状，有利于调动基层机构的积极性和能动性。

三是设计关键绩效指标，完善考核激励机制。“信贷工厂”针对中小企业业务的特点，运用平衡计分卡（BSC）等方法进行考核指标的设计，每个岗位均设有关键绩效指标（KPI），有效调动不同岗位员工的积极性和整个团队的协作水平。如钻石团队的关键绩效指标包括客户数量、客户业务量、客户拜访数量、有效信贷提案数量等定量指标，也包括一些定性指标。

四是建立免责制度，保护一线人员拓展业务的积极性。针对中小企业贷款实际，强调“尽职者免责，失职者问责”的责任认定理念，专门建立一套有别于一般贷款的不良问责机制及认定标准，原则上只要银行经办人员与客户无关联关系且未从贷款中收受不当利益，即可视为尽职而免责，从而有效缓解了基层人员对中小企业信贷的顾虑。

3.5 中小银行小企业金融业务管理模式的策略讨论

中小银行重点发展小企业金融业务是发挥自身优势、避免自身规模劣势的重要战略选择，是实现差异化竞争、特色化发展的重要举措。在开展小企业金融业务中，业务管理模式的定位和实施是决定本行小企业金融业务是否具有核心竞争力的重要内容。本文认为，中小银行小企业金融业务管理模式的选择要立足于本行实际，突出本行特色，匹配组织架构，强调效率为先，专业为本。

第一，业务管理模式应立足于本行发展实际，不能照抄他行经验。各行发展所处阶段不同，各自的业务总量、结构均不同，客户分布构成和特点也有较大差异，因此，并无适合于所有银行小企业业务的通行业务管理模式，需要各行详细分析本行当前的小微业务发展现状，根据客户需求找出当前业务管理存在的问题，总结经验，匹配相适合的业务管理模式。例如，针对异地小企业客户的授信审查审批，在不同阶段应采取不同的授信管理模式，在总量尚小的时候，采取异地业务回总部审查审批模式，当总量较大、地域范围较广时，就应逐步采取派驻独立审批人审查审批的模式。再如，当中小银行小企业客户的行业分布集中度不高时，授信审查和贷后管理的人员配置可不按行业序列配置，但随着本行小企业所属行业日渐集中后，中后台的业务管理就必须突出行业的专业化管理。

第二，业务管理模式要突出本行业务特色。中小企业的小微业务要突出特色，离不开业务管理模式的配合。这就需要中小银行要基于本行小微业务特色来构建业务管理模式，以做到两者的匹配。如果本行小微业务强调“快”的特色，这就需要批量化的业务处理模式的配合，从授信资料的搜集到授信审查，再到放款审核、贷后管理，均突出批量化；如果本行小微业务强调“专”的特色，这就需要业务管理突出分类管理，强调善于总结行业规律，探讨建立适合于不同行业的差异性的业务管理流程和重点环节；如果本行小微业务强调“灵”的特色，就需要在业务管理方面构建灵活的模式，在把握总体原则下允许前中后台根据客户情况和特点设计个性化的担保方式、审查流程、贷后管理方式等，始终强调灵活多变的适应性。

第三，业务管理模式要匹配组织架构改革和调整。组织架构是业务管理模式构建的基础，当组织架构改革调整后，业务管理模式也应作出适应性调整。比如，当小微金融采取事业部制的组织架构管理时，业务管理也应突出条线管理的职能，弱化块状干预，将块状更多定位于客户推荐、后台会计结算等简单服务，保证业务管理的条线独立性。再如，如果本行小微金融采取特色分支行试点的组织架构，则需要给予充分授权，授权特色分支行内部构建横向的业务管理流程，取消上级条线主管部门对试点机构的业务干预，强调独立性，强调在块状内完成小微业务管理的整个流程，提高效率。

第四，业务管理模式要强调效率为先，专业为本。中小银行小企业业务的发展要培育核心竞争力，离不开效率和专业，这也是中小银行做小企业业务应该突出的地方。所以，业务管理模式改革应始终围绕减少环节，提高时效，要紧密围绕专业化分工，着力提升小企业金融各环节业务人员的专业性，借助专业性促进服务质量的提升，促进风险管理能力的提高。定期通过业务授权调整、流程梳理、业务培训等方式，提升整个小微业务的效率和专业性。

4

中小银行小企业金融的信贷技术研究

在小企业各项金融服务需求中，融资是小企业最迫切、最急需的金融服务需求。发达国家发展经验和我国金融业现状均表明，商业银行信贷是解决小企业融资需求的最主要方式。从商业银行角度看，信贷技术的选择，直接影响商业银行小企业业务的成本、效率、收益和风险，在很大程度上决定商业银行小企业业务的核心竞争力。本章重点研究小企业金融的三种重要信贷技术：信用评分法、基于现金流的单人单户分析法、交叉检验及财务报表自制还原技术。

4.1 信用评分法

4.1.1 兴起、原理与特点

信用评分模型法最初起源于信用卡业务的信用评估。由于信用卡业务的快速发展，申请信用卡的人数日渐庞大，无论从经济的角度还是从人力的角度，银行都不可能完全依赖人工对申请进行审批，采用自动的评估系统就显得非常急迫，信用卡评分模型应运而生。商业银行利用大量历史数据建立评分模型系统，在此基础上，采集特定客户（申请者）的资料，输入信用评分模型系统，给出一个分数。银行可根据客户的信用分数，分析客户按时还款的概率。据此，授信者决定是否准予授信以及授信的额度和利率。

信用评分法的原理是对历史客户、现有客户的特性及往来绩效数据进行回归统计分析，得出参数结论，据此推论未来同型之客户在同样往来中可能有的表现，也即利用“过去”的资料建构模式预测未来（见图4-1）。信用评分卡的建立是以对大量数据的统计结果为基础，具有相当高的准确性和可靠性。

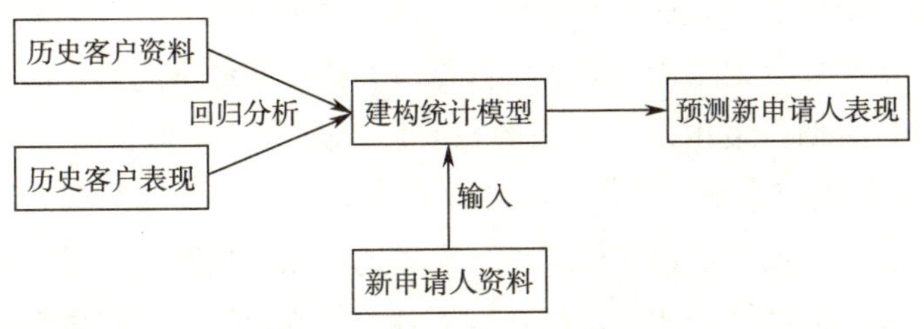

图4-1 信用评分法的原理

随着小企业业务的快速发展，商业银行逐步将信用评分法引入小企业信贷审批。1995年美国富国银行开创了利用“打分卡”信贷技术直接发放微小贷款的先河，即银行根据小企业业主（即贷款申请人）的个人信用记录，由计算机统计模型软件进行自动评分，以分值的高低作为贷款决策的基本依据。该项技术的运用实现了贷款的流程化、标准化操作，使得小额贷款业务从劳动密集型向技术密集型转变，是信贷管理业务的一项重大技术革新。

具体过程包括：（1）使用回归统计方法对小企业贷款申请者的特点进行分析，识别出影响偿还贷款的最关键指标，并根据其与信用风险的关系赋予一定的权重，构建出信用评分模型。（2）将新申请者的信息资料输入信用评分模型，输出分数。分数通常从1到100，表示风险程度从高到低。若申请者得到高分，银行将批准申请，反之则拒绝申请。若申请者分数处于“灰色”区域，那么信贷员将使用传统方法对该申请者进行评估，并到该企业进行进一步的调查。

信用评分模型依据企业的财务状况、欠款支付记录、综合数据以及产业数据等计算出企业的信用评分。简单来说，信用评分可由下式得出：

$$\text{Score} = W_1F_1 + W_2F_2 + \cdots + W_nF_n$$

其中，W_i为第i个指标的权重，F_i为第i个指标值（如企业主的月收入、债务余额、财产、就业、住宅所有权、以往坏账和欠账等，企业的经营年数、销售量等）。

信用评分模型法具有以下几个特点：

第一，基础数据库的完善是建立信用评分模型的根本。信用评分模型建立在对历史数据回归分析的基础上，各主要指标的确定及所占权重需要依据历史数据回归分析得出，继而建立模型用于对新申请客户的分数评定。大量同类型、同区域企业的特征数据、违约数据是否齐全是模型能否建立的核心要素。这就需要商业银行客户关系管理系统（CRM）提供强大的历史客户数据支持。

第二，信用评分模型依据的历史数据应囊括不同经济周期、市场区域等场景下的全方位数据。信用评分模型的核心假设是“历史数据规律评价未来客户”，但历史数据与未来客户数据必然存在差异，如所处的经济周期、市场环境均会有变化，这就要求建立信用评分模型的原始数据范围应尽可能宽泛，要能科学反映在不同经济周期、市场环境下客户行为规律、违约概率等信息。

第三，Latimer Asch（1995）对 Robert Morris 协会（RMA）17 个会员的 5 000项贷款所做的一项研究表明，在与贷款申请者有关的 400 多个指标中只有不到 12 个指标对贷款拖欠可能性的预测起着最关键的作用，而这些指标大部分属于企业所有者本身的特点，企业财务情况的最关键指标——经营年数、净资产值甚至利润对于预测几乎不起作用。这是小企业信用评分模型的最大特点。这也是为什么最初服务于个人贷款、信用卡贷款的信用评分技术能够适用于小企业贷款的关键原因。小企业贷款在某些方面，更倾向于个人贷款，与大企业贷款差异显著。

4.1.2 国内外实践

目前，信用评分法已经在国外银行业得到较为普遍的应用。

在发达国家，信用评分模型已经发展得较为成熟和完善，建立信用评分卡模型的方法也数量众多，可分为统计方法和非统计方法两种。统计方法包括判别分析法、Logistic 回归、分类树等；非统计方法包括线性规划、整数规划、神经网络、遗传算法和专家系统等，近年来出现了一些还处于研究阶段的新的建模方法，如通用评分卡、小样本建模，以及把各种信用评分分类法相结合的方法。

决策论方法是判别分析法的一种，这种方法是找到一种使得预期成本最小化的分类准则以决定是否接受一个新客户。Logistic 回归是评分卡开发中常用的回归分析方法，这里的回归方程的因变量是“好客户”这一事件的概率的非线性函数。分类树是与判别分析法和 Logistic 回归法截然不同的一种方法，分类树的主要原理是把信用申请人的申请表中的答案项划分成不同的组，然后根据不同组中好、坏客户的多少来确定该组是好客户组还是坏客户组。传统的统计模型具有直观、简单易懂、稳定性好、可解释性强等优点，其结果可以直接产生评分卡，但这类统计模型的缺陷是预测精度低、前提条件要求过于严格。神经网络是一种具有自学习、自适应能力的方法，输入信号是客户的特征变量，输出的是评价客户信用表现的结果。神经网络对样本数据的分布要求不严格，具有较高的预测精度，但其缺点是稳定性不好。

国内采用评分法的商业银行还较少。在我国银行业引入和应用信用评分模型，个人信用数据的缺乏是重要难题。如前所述，中小企业贷款的信用风险是与其业主的信用紧密相连的，信用评分模型的构造需要使用个人信用数据，而我国个人信用体系的建立尚处于起步阶段，目前仅有北京、上海、深圳三地开始尝试建立当地的个人征信体系，全国性的个人信用数据库的建立尚待时日，这就给信用评分模型的建立和应用带来很大的困难。要解决这个问题必须依靠政府大力推动个人信用体系的建立。银行本身也必须切实做好搜集整理企业财务信息，完善基础数据库等一系列工作。不同银行的客户群特性是不一样的，只有做好自身银行基础数据的搜集整理工作，才能选择或开发适当的信用评分方法。①

4.2 基于现金流的单人单户分析技术

4.2.1 原理、兴起与发展

基于现金流的单人单户分析技术是指商业银行按照“重分析、轻抵押”的指导原则，对客户经营活动现金流、每月可支配收入进行深入分析，并以此确定客户的贷款额度和还款方式。同时，对不同来源的财务信息和非财务信息进行交叉检验，以评估客户信息的真实性，最终判断客户的还款能力和还款意愿。在此，需要指出的是，由于交叉检验技术的特殊性，本书将交叉检验单列为一种重要信贷技术，在本章第三节中进行单独分析。

基于现金流的单人单户分析技术主要包括以下几方面内容：

一是对小企业客户进行严格筛选。自然人主体的借款人必须是年满 18 周岁且具备完全民事行为能力的自然人，借款人的持续经营期限至少在 3 个月以

① 钱水土、黄震宇：《信用评分模型在中小企业信贷评估中的应用》，载《商业经济与管理》，2004（2）。

上，借款人的权益不低于经营总资产的30%，创业性质的借款人必须以可见的方式投入至少30%的资产，非劳动密集型企业的员工一般不超过100人。

二是搜集客户信息，进行交叉检验。首先是客户经理通过视觉观察获取信息。深入小企业经营场所实地调查核实其资产状况，现场点货。其次是运用信贷人员平时搜集、积累的相关信息、行业发展规律及平均经营毛利率来测算、考证小企业客户的经营状况和信用、履约情况。再次是同客户进行面对面的交谈和沟通，尽可能搜集所需要的全部信息（财务信息和非财务信息），即资产负债、损益、现金流情况、家庭状况、生活习性、起居爱好、经营历史、未来规划等，信贷人员需要对这些信息做最详尽、最真实、最全面的了解。最后从横向、纵向、历史、经验等全方位检验、论证所得信息的真实、完整、可信度和有效性。在这个过程中，信贷员应严格评估、证实所有获得的信息，将观察和咨询得来的信息与搜集到的财务数据反复进行交叉检验，得出符合逻辑的结论。这个结果最终形成信贷员的初步判断并提交审贷会进行评估决策。此外，由于客户在提出贷款申请时可能提供的是笼统、模糊的信息，在现场调查过程中，信贷员还应通过对现场的所有资产的测量和有逻辑的扣减及推论过程系统地评估所有与申请人初次谈话中获得的信息和数字的准确性。这个检验能准确地了解、判断、印证申请人在初次交谈中所谈的内容是否可靠。

三是信贷员亲自编制报表，分析借款人的偿债能力。调查结束后，信贷人员亲自编制会计报表，评价客户的“还款能力和持续经营能力”，同时结合客户的“软信息”评价其还款意愿。

4.2.2 国内实践

单人单户分析技术实现了对客户的透彻了解，是对传统的单户分析信贷技术的回归，也是具有广泛适用性的技术。这种技术在苏联和东欧曾经受了社会制度变革的考验，取得了良好的效果。在中国，这种技术也被多家城市商业银行采用，取得了良好效果。

1. 单人单户分析法在包商银行小微金融中的实践

2005年11月起，包商银行开始与国家开发银行、世界银行正式开展小企业信贷合作，2005年12月至2007年5月，接受德国IPC公司顾问专家的全程技术指导、咨询和培训，2006年先后成立微小企业信贷部、小企业业务中心。

（1）标准化产品是开展小企业贷款的关键。包商银行小企业业务采用单人单户分析模式，决定了其小企业业务是劳动密集型业务，劳动力成本占比较高。在此背景下，产品标准化就成为其开展小企业贷款的关键要素。因为，产品标准化可以极大地提高小企业贷款劳动生产率，扩大贷款笔数，降低在每笔贷款上的固定成本，从而更快地实现盈利。包商银行从两个维度实施产品标准化。一是对目标客户实行标准化。对具有相同贷款用途、还款来源、信用基础的目标客户进行标准化，设计专门的信贷产品用于专门营销，辅之以专做该产品的专业人员，就可以实现精确定位营销，提升了工作效率，降低了贷款风险。二是在贷款流程上，对小企业贷款进行标准化的流程设计，使得每一个环节都包含了标准的操作方法、工作结果评价以及相应的控制手段。整个流程成为一条标准生产线，产品部门成为“放款机器”，信贷人员的营销难度大大降低。

（2）坚持以“还款意愿、还款能力和持续经营能力”为主，打破“抵押崇拜”。包商银行打破“抵押崇拜”，不依赖担保抵押，而是坚持分析单个客户信用风险管理的核心——基于客户“现金流”的财务还款能力。采取现场调查、“望闻问切”的方法，掌握客户真实软信息。望，就是坚持眼见为实，通过看企业主和企业员工的精神、工作状态、企业和企业主的经营办公环境、企业设备、产品、库存等，获取真实信息。闻，就是听声音、嗅气味，察言观色，做到多角度了解信息，并运用搜集、积累的相关信息来测算、考证经营、信用状况。问，就是通过交流沟通，了解客户的经营状况、财务数据、经营技能、价值取向、经营计划等全部软信息。切，就是通过把脉、号脉于望、闻、问信息，做到信息间的相互印证、交叉检验。包商银行注重财务信息和非财务（软）信息交叉检验，得出基于客户现金流基础上的月可支配收入，作为贷款发放的核心依据。

2. 单人单户分析法在晋商银行小微金融中的实践

晋商银行在小微金融实践中，创新发展了单人单户分析技术，以合规文化建设为重点，建立了一整套以诚信为依托的风险防控体系，取得了良好效果。

在调查方法的选择上，晋商银行采用“望、闻、问、切、断”的五步法。望，就是看企业主和企业员工的精神和工作状态，企业和企业主的经营和办公环境，以及企业的设备、产品、库存等，做到眼见为实；闻，就是听其言观其色，多角度了解周边对借款人和担保人的情况反映，做到兼听则明；问，就是通过富有成效而且有针对性的调查，了解客户的经营状况、财务数据、经营技能、价值取向、经营历史及现状、经营计划等，做到知己知彼；切，就是运用得来的证据，验证客户所说的数据，掌握客户潜在信息，做到了然于胸；断，就是综合"望、闻、问、切"所得材料，最终判断客户的经营能力和还款能力，做到有的放矢。同时，把企业"当家人"的个人诚信，作为防控信用风险的基础手段。为了体现家庭和社会责任，积极完善家庭信誉（道义）担保和多户联保，使更多的相关方体验诚信的价值。

在调查技术的把握上，晋商银行实行"二进二见三制表，两访三问三核实"的独特方法。简言之，就是进门店、进库房，见借款人、见借款人家人，制损益表、资产负债表、交叉验证表；访借款人、访借款人家人，问借款用途、问销售、问毛利，并通过现场调查直接核实"三问"的结果获得验证，然后整理和分析所需信息，测定借款人的负债偿还能力。此外，建立了客户经理 AB 岗决策、根据权限矩阵决策和贷前预审、单人审批，实行"一票否决制"。

在信贷风险的把控上，晋商银行做到"四关注三掌握"，即关注小企业的经营背景、关注其实际控制人的信用记录、关注其贷款意图的真实性、关注资金需求的合理性；时刻掌握客户的经营发展变化情况、掌握贷后客户资金使用情况、掌握客户业务发展对资金的新需求。注重第一还款来源，并将第二还款来源作为安全补丁和定价的参考。同时，通过严格控制授信额度，从严管控信用风险。

4.3 交叉检验与财务报表自制、还原技术

所谓交叉检验技术，就是在信贷调查中，信贷员利用不同渠道获得的不同类别的信息，对企业经营管理中的同一情况进行相互印证的检验，若相互之间能够印证，说明反映了真实信息，若不能相互印证，存在较大误差，则说明对这一情况的反映不真实，需要客户经理通过其他手段获得有关此情况的真实信息。

所谓财务报表自制技术，是指商业银行信贷员在信贷调查中以交叉检验为基础，将访谈、多方调查、交叉检验获取的财务真实信息，填入由信贷员自制的简易财务报表中，为后期财务分析、审查审批提供数据资料。财务报表技术主要针对没有财务报表的微型企业。

与财务报表自制技术类似，财务报表还原技术是指信贷员在信贷调查中，以交叉检验技术为基础，对小企业提供的财务报表（主要包括资产负债表、

利润表和现金流量表）中主要科目进行各种形式的交叉检验，将其中虚假的财务信息，根据交叉检验的结果还原为真实的信息，最后，信贷员将经过还原的主要财务数据填进财务报表内，形成经过真实还原的财务报表。财务报表还原技术主要针对的是有财务报表但数据不真实、不准确的小企业客户。

4.3.1 交叉检验原理与具体方法①

交叉检验技术最早是由德国 IPC 公司（国际项目咨询公司）创造，德国 IPC 公司成立于 1981 年，是一家专门在发展中国家和经济转型国家进行微小信贷咨询的咨询公司。IPC 公司的小企业信贷模式最主要特点在于全面搜集和详细分析财务信息和非财务信息，并将信息进行交叉验证。

交叉检验的内容主要包括客户的个人信息和财务数据两个方面。客户的个人信息包括性格特征、家庭和社会背景、可靠性、客户的追求或抱负、客户对银行的态度等，检验客户个人信息是为了评估客户的还款意愿；财务信息包括生意背景、资产负债表、损益表、现金流量表、贷款用途等，检验财务信息是为了评估客户的还款能力。获取上述信息主要有三个途径：一是从客户处直接得到的口头信息，这是首要来源；二是客户的生意数据，如收据、合同、库存、现金和房产等；三是从第三方获取信息，如客户家庭的其他成员、生意合伙人或朋友、当地的协会团体等。

1. 原理

企业的信息内容广泛，反映渠道众多。一般来说，企业信息包括生产信息、销售信息、原材料信息、人力信息、财务信息等，其中财务信息相对抽象，是各种信息依循财务会计准则在经过财务处理后得到的信息。因此，从根本上说，企业财务报表体现的财务数据均可以得到其他类别信息的印证和检验。另外，企业信息的反映渠道众多，除了自身内部反映外，还通过利益相关者、上下游、海关、税务、工商等渠道传递和反映，从根源上说，这些渠道的信息数据与企业内部财务报表反映的财务信息体现的原始内容应是一致的，且各种信息存在相互支持、印证检验的关系。

相对而言，抽象于企业经营管理活动且经过财务处理的财务信息，被操控和作假的可能性较高。而真实记录生产经营的一线信息比如进出库、生产工时、水费、电费，由于每天发生，或有设施自动记录，则相对不容易操控，即

① 许学军、沈旭勇：《商业银行中小企业贷款业务》，上海，上海财经大学出版社，2010。

便操控，成本也很高，因此，真实准确的可能性相对较高。同理，企业内部信息相对容易操控，但来自于外部相关者如上下游、海关、工商税务的原材料采购、销售、进出口、税务缴纳等数据则很难作假。

基于以上客观情况，银行信贷员在对企业特别是小企业进行贷前调查时要摆脱对财务报表的崇拜，要多方获取关于企业真实经营管理状况的各种信息，分类梳理，分析比较各信息相互之间是否一致或有出入，如果多个渠道来源的多个信息均能印证此数据，可认定此数据真实。相反，如果多个信息对同一情况的反映出入较多，则需要进一步分析，确认哪个信息是真实反映。

2. 具体方法

在交叉检验过程中，要注重多渠道获取信息。通常，客户经理获得借款人信息的渠道大致可以总结为“听、看、盘”。所谓“听”，是指客户经理在贷前调查中要对企业的实际控制人、各级员工、利益相关者、上下游关系人等，进行深入访谈，倾听记录各自的描述，从不同角度了解掌握企业情况。所谓“看”，是指客户经理必须进入企业，要亲眼看企业的所有经营记录，查验企业的凭证、合同、往来记录等，从书面信息了解企业情况。所谓“盘”，是指客户经理要深入企业一线，具体查看员工工作情况、机器设备运转情况、进出货情况、库存流转情况，记录有关信息，继而用资产盘点方法，分析确认企业真实经营情况。

在“听、看、盘”的基础上，要根据交叉检验通用的线索，进行逐步的分析检验。具体线索包括：“听、看、盘”三渠道信息的一致性检验；历史数据一致性检验；行业平均数据的一致性检验；群体信息的一致性检验；类别信息的一致性检验；投入产出数据的一致性检验。现根据董强等人的《微贷款模式理论探讨与实践》一文内容分析如下①。

（1）“听、看、盘”三渠道信息的一致性检验。口头提供的信息是否与书面信息、实际状况相一致。如口头表述是否与原始单据、发票、银行对账单、经营记录等相一致；经营记录与实物状况相比较，通过盘点库存验证是否正确或审查客户的收入与客户的生活质量是否匹配。

（2）历史数据一致性检验。客户提供的不同时间的数据是否相互矛盾。如每天的营业额累计起来是否与每月的营业额基本相同，启动资金加上每年的

① 董强、于长海、隋绍楼：《微贷款模式理论探讨与实践》，载《理论界》，2008（5）。转引自：许学军、沈旭勇：《商业银行中小企业贷款业务》，上海，上海财经大学出版社，2010。

盈利、扣除每年的非商业支出是否与实体权益大体相同。

（3）行业平均数据的一致性检验。客户提供的信息是否与当地该行业的平均水平大体相当。如营业额、营业费用、利润水平、员工的工资水平与当地平均水平的差别。

（4）群体信息的一致性检验。不同的人对同一问题的回答是否基本一致。如客户的家庭成员对贷款目的的说法是否一致，客户和客户的合伙人对营业额、利润的说法是否一致。

（5）类别信息的一致性检验。客户提供的不同数据和信息之间的关系是否合理。如销售额、淡旺季、市场需求状况与申请贷款的时间、额度是否匹配，营业额与应收账款的关系是否合理。

（6）投入产出数据的一致性检验。客户的投入与产出之间的关系是否合理。如员工数量与营业额、固定资产数量与营业额，每月耗电量与月营业收入等。这种投入产出关系不仅可用来检查数据的合理性，还能够与行业平均水平相比较判断客户的经营能力。

在以上六方面的检验中，尤以第六项“投入产出数据的一致性检验”最为重要。中小银行客户经理在从事小企业信贷业务时应熟练掌握此种关于投入产出的一致性检验。工业生产中投入产出往往是遵循一定规律的，具有一定的比例关系，根据外部机构提供的税费、电费、购买原材料产生的运费、仓储费等信息，可以倒算出企业的产量、销售收入和利润情况，进而掌握企业真实的经营情况。

4.3.2 财务报表自制、还原的原理与具体方法

一般而言，小企业的财务报表体系很不规范，财务作假情况非常普遍，“两本账”“三本账”情况屡见不鲜，因此，仅凭企业提供的财务报表对企业作出是否符合贷款发放标准的判断，很容易出现不准确、不客观的情况，信用风险很可能发生。

在交叉检验的基础上，财务报表自制或还原是第二阶段的工作，可以说，交叉检验是核心和根源，财务报表自制和还原相对是结果。其基本原理是客户经理依据简单基础的会计准则，对交叉检验阶段获取的数据进行汇总整理，填入三大表（资产负债表、损益表、现金流量表）内，形成相对真实准确的、可供审查审批参考的财务报表。

为确保信贷调查的“四性”即真实性、合法性、完整性和有效性，需要

根据交叉检验得到的数据信息自制或还原财务报表，在此过程中，要把握好以下几个原则①。

一是外来凭证可认可。外来凭证包括企业采购原材料时和上游供应商签订的合同、上游供应商出具的发票，税务部门的缴税凭证，电费单据，水费单据，质检证明，海关凭证等。这些外来凭证在渠道上由外部主体控制，企业本身很难进行干预，是检验企业实际状况的重要交叉检验依据。在实际信贷调查中，对外来凭证真实性普遍是认可的。

二是自制凭证需检验。针对企业自制的各类凭证，包括财务报表、产品检验单、物料发送单等，必须进行严格的交叉检验，即寻找另一线索去证实这一自制凭证所反映信息的真实性。原因是，这些信息渠道由企业自身控制，企业主在需要的时候，可以修改这些信息，信息的真实性得不到百分之百的保证。

三是无凭证需多重交叉检验。如果企业的信息完全是企业主个人或是利益相关者口述的信息，是典型的软信息，那么此类信息被操纵的可能性更大，需要信贷员必须利用多种交叉检验方法，对此类信息的真实性作出检验评价。

在具体方法上，信贷员可抓住企业主要的科目、大类的科目，进行检验与还原，例如对资产项、负债项、所有者权益项、收入与成本费用项进行分大项还原，在具体某一大项内，逐一对各细项进行还原。

例如，在资产项内，货币资金主要还原方法包括核对银行对账单、实地清点；短期投资主要还原方法包括查验投资合同原件、查验所有权凭证、查验付款凭证等；应收票据主要还原方法为查验未背书自有银行承兑汇票；应收账款主要还原方法是核对应收账款发票与凭据，查验购销合同与发货凭据，向债务人核实；预付账款主要还原方法是核实付款凭证，查验购销合同，向收款人核实；存货主要还原方法是现场盘点，查验所有进出库记录，查验购货合同与发票；长期投资主要还原方法是查看投资合同原件，查验投资所有权凭证，分类标明长期投资项目名称以及投资金额；固定资产净值主要还原方法是验证施工合同价值，核实付款凭证与发票，必要时借助中介机构估算价值，对所有固定资产分类，标明购置时间、价值和现值；无形资产主要还原方法是估算市场价值，查验取得权利证书，查验付款凭证，对所有无形资产分类标明项目名称、总投资金额和已投资金额；等等。

① 许学军、沈旭勇：《商业银行中小企业贷款业务》，上海，上海财经大学出版社，2010。

4.3.3 国内实践

2005 年 8 月，包商银行成为国内首批与世界银行、国家开发银行合作开展小企业信贷项目的金融机构，并于同年 11 月与国家开发银行签订小企业贷款项目合作协议，从招聘到培训、从业务营销到贷款审批，全面引入德国 IPC 公司小企业贷款的理念与技术，其中重要内容即为交叉检验技术。包商银行通过与德国 IPC 公司合作，率先引入国际领先的微贷技术。基于充分的前期准备工作以及与 IPC 专家的良好合作，包商银行成功将 IPC 公司关于微贷工作的汇报机制、培训流程、审贷流程、信贷档案管理、IT 系统的实际操作、信贷流程的执行及人员招聘流程和录用原则等工作方式方法植入到微贷流程中，这使得包商银行迅速成为将 IPC 微贷技术引入到我国较为成功的银行之一。

包商银行在实践小微贷款交叉检验技术过程中总结的主要经验包括：

一是交叉检验要考察客户提供的信息是否互相矛盾，鉴别出虚假信息，这就需要对当地不同行业的经营特点、经营方式、投入品价格、出售商品价格进行深入了解，而这些因素是不断变化的，因此要通过系统的总结积累和相互交流才能进行有效的交叉检验。

二是交叉检验的依据主要来自于信息支持性文件（如收据、发货单等）和同各个与需要检验信息相关的第三方的交流信息（如家庭成果对企业经营、贷款用途的描述，供应商和交易者对进出货交易的描述等）。

4.4 中小银行小企业金融信贷技术选择的策略讨论

比较以上三种小企业金融的典型信贷技术，可从两个维度进行分析。需要指出的是，通常，交叉检验、财务报表自制还原技术与单人单户分析技术共同运用在商业银行小企业金融服务实践中，在此节分析中，本文将其纳入单人单户技术内。

一是信息维度。单人单户分析方法主要搜集的是企业的软信息，如借款企业及其业主的财务和经营状况、企业行为、信誉、业主个人品行等信息。信用评分法注重搜集的是企业及企业主的硬信息，尤其是企业主的月收入、债务余额、财产、就业、住宅所有权、以往坏账和欠账、抵押品的数量和质量等；“信贷工厂法”介于两者之间。从信息搜集难度看，信用评分法过于依赖客户信用硬信息，在当前我国征信建设尚处于起步阶段情况下，信息搜集难度最大；而单人单户分析采取的是客户经理上门调查法，并且通过长期的、多渠道与客户及周边人员接触，获取信息的难度相对较小（见图4－2）。

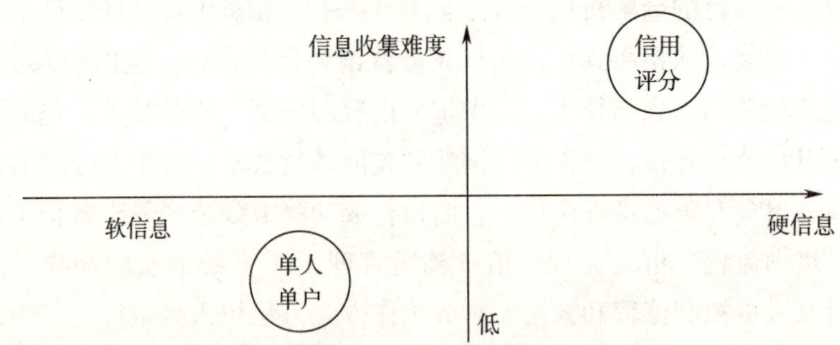

图4－2　两种信贷技术的信息维度比较

二是人员技术维度。单人单户分析法是对传统单户信用分析技术的回归，注重通过客户经理的上门调查获取客户信息，注重个体分析。一般来说，每个客户经理的月放款能力为5～10笔，小企业业务规模扩张重点依靠营销人员数量增加。因此，从人员和技术的两个要素比较看，更为注重人员配置，属于劳动密集型；而信用评分法则相反，其采用零售业务模式，通过用户自行提交个人信息，系统审核后自动得出分数，只有当分数介于特定区间时，才需要客户经理上门了解搜集验证客户信息，因此对人员依赖度较低，但需要建设完善的数据中心和客户信息管理系统，要进行高密度的数据整理、更新、分析，对技术要求高，属于技术密集型（见图4－3）。

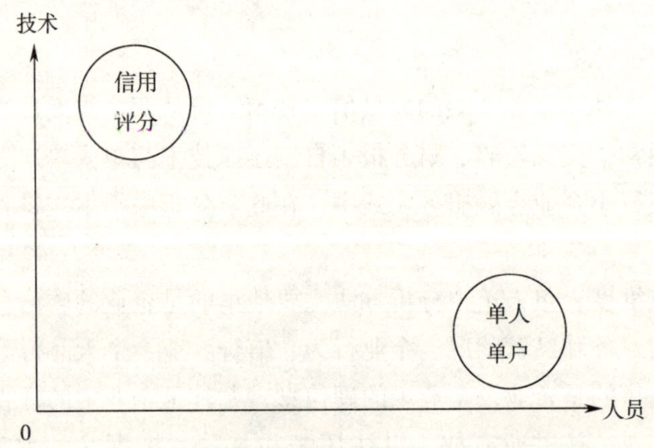

图4－3　两种信贷技术的人员、技术维度比较

相比于国有商业银行，中小银行的比较优势在于软信息的搜集处理，但在信息系统建设、数据集中处理、信息统计分析等方面存在较大差距，因此，针对信用评分法、单人单户分析法、交叉检验法三种信贷技术，可在发展初期重点选择单人单户分析法和交叉检验法，走劳动密集型发展路子，发展到一定阶段后，逐步实验建立信用评分法，实现从劳动密集型业务模式向技术密集型业务模式过渡。

初期，重点发展单人单户分析技术、交叉检验和财务报表自制还原技术，通过人员招聘、培训，建立一支专业化的小企业客户经理队伍，前台人员通过上门营销、双人调查、交叉检验获取客户信息，中后台人员采取贷审会、专职审批工作模式。

中远期，积极完善客户信息管理，建设数据集中仓库和统计分析模型，在渐进模式下逐步推广客户评分法，建立客户信用评级系统，实现客户自行提交信息，系统自动审核信息、给出评分，确定贷款是否发放。

5

中小银行小企业金融的营销策略研究

小企业客户众多，商业银行小企业业务发展的关键举措在于如何迅速扩大客户数并提高客户钱包份额。这就需要选择合适的小企业业务营销策略。目前，我国商业银行批量化的客户营销策略主要包括三类：第三方机构合作、供应链金融和商圈融资。

5.1 第三方机构合作

商业银行小企业金融规模化发展的核心环节是如何扩展客户数，单纯依靠单人单户营销方式，很难快速累积客户数，因此，通过与第三方机构合作，实现批量客户导入和批量化的中后台业务处理，扩大业务规模，提升业务效率。

第三方机构包括政府机构（开发区管委会、中小企业局、工商局、税务局）、行业组织（行业商会、地方商会、民营企业联合会、工商联合会、小企业联合会）、中介机构（会计师事务所、律师事务所）、担保公司、各类市场、中国人民银行征信机构等。

5.1.1 主要模式

与政府机构合作。区政府或行业主管部门组织推荐有资金需求的中小企业参与，由借款企业按照一定比例（一般为授信额度的20%）共同设立互保基金，并根据自愿原则形成互保组织，风险共担，互相督促按时还本付息。互保基金设专户管理，存放于合作银行，主要用于出现贷款风险的补偿。政府成立专门的中小企业金融服务公司，作为互保基金的管理人和担保人，为贷款提供保证，并同互保基金共同承担代偿义务。此种模式主要适用于那些经营前景良好，联保成员之间相互信任，贷款需求较大，授信额度偏高，又无法提供足额抵押、质押物的借款户，通过设立互保基金可在一定程度上降低银行信贷资产风险。

与行业组织合作。联手打造高效的“银行＋商会＋企业”商业运作模式，构建银行、企业和商会组织三方联动的金融服务平台，为商会会员企业提供资金支持。商业银行与商会、联合会组织达成战略合作协议，为其提供整体授信，从而实现批量化客户导入和组合化风险管理。商会承担融资担保中介职能，组织会员企业进行互助联保，解决银行与企业之间的信息不对称问题，实现组合授信，缓解小企业抵押、质押物少的难题。在商会内部，可以采取建立风险基金、企业互保、资产抵押等多种形式反担保，借助企业之间的相互监督机制和商会企业内部信誉传导及惩戒渠道，以及资产交易在行业内部最大程度变现等运作优势，使得主要风险由互动担保机构各成员共同承担，达到分散担保风险的目的。对于中小企业，这种模式可使单个分散的个体在信用上实现自我增强和自我升级，降低融资难度。

与担保公司合作。此模式为最常见的营销模式。商业银行在经过严格调查考核后对优质担保公司实施准入，与担保公司达成组合授信协议，设置授信额度上限，对担保的中小企业贷款实施差异化调查、差异化审查和差异化贷后管理，简化贷款申请手续，优化贷款审批流程，实行“一站式”的服务，能有效降低中小企业贷款准入门槛，提高中小企业审批效率。对于商业银行来说，通过与担保公司合作，商业银行可以快速导入客户群，实现客户数量快速扩张。对于贷款申请企业，可通过不足额抵押、股权质押、知识产权质押、应收账款质押、机器设备抵押、股东担保、实际控制人担保等多种灵活方式为担保公司提供反担保组合，解决小企业担保难问题。

5.1.2 典型案例

1. 浦发银行

浦发银行“银元宝”① 模式是由银行—园区—担保公司三方建立的一种风险共担合作模式，模式的核心在于多方风险共担机制。通过扩大园区平台的资源使用，可使担保公司、开发园区、政府财政支持、政策支持、风险投资基

---

① 网页资料 http：//wenku. baidu. com/view/cd874209bb68a98271fefa7a. html。

金、小额贷款公司等各种平台各尽所长，形成合力与互补，对于缺少抵押物、缺少可供质押应收账款的优质中小企业，多方助力，为园区及其区内中小企业提供综合金融服务。此模式有效地搭建了园区中小企业融资担保服务平台，在互补和资源共享的基础上，银、园、保三方发挥自身优势，并各自承担一定比例的风险，共同协助企业从银行获取资金，扶持区内企业发展。同时，通过企业整体素质的提升，也推动了园区的聚集力和竞争力。“银元宝”合作模式细分市场中具备共同风险控制措施的客户群，进行集中式的批量授信与作业，降低业务成本，有效控制风险。由银行、园区、担保公司三方合作开发的融资模式是一个开放性多边合作平台，任何愿意分担一定比例风险的第三方机构，如开发园区、小额贷款公司、行业协会、保险公司、风险投资机构都可以参与。

2. 徽商银行

徽商银行利用行业商会，建立与中小企业的联系，建立与行业的战略合作关系，梳理优质客户，建立小企业数据库，开发小企业客户资源。通过搭建快速的营销平台，与园区管理和市场机构建立了良好的合作关系，信贷资源优先走向特色的市场优质客户。搭建绿色平台，既可以积极稳妥地开展贸易融资业务，也可以积极开拓共享资源的贷款业务市场，还可以加大与担保公司的交流、合作，共享客户资源，促进业务发展。目前银行与各级部委以及各级担保公司，都建立了良好的合作关系，先后与58家担保机构开展了担保贷款合作，占全省金融机构担保贷款中的市场份额达到40%以上。

5.2 供应链金融

5.2.1 原理、兴起与发展

供应链金融产生于供应链的理论基础上，最初的供应链是指企业从外部采购原材料和零部件，通过生产等活动产出产成品，再销售给零售商和用户的过程，是企业内部层面的概念。后期，供应链概念开始关注企业与企业之间的联系以及供应链所处的外部环境，将供应链中的供应商、制造商、分销商、零售商以及最终消费者联系成一个整体，强调将供应链视为一个整体的必要性以及供应链中各个成员企业目标的一致性。

在整个供应链中，成员企业的地位往往不同，其中一些规模较大或者掌握供应链核心价值的核心企业，利用其优势地位以及较强的市场影响力，从上下游企业获取有利于自己的应收、应付账款，占用供应链中大量资金，从而使得供应链逐渐发展为围绕着核心企业的网链关系。供应链的稳定性成为核心企业关注焦点。

传统供应链管理关注物流和信息流，但由于信用评级高、容易从银行获得贷款的核心企业占用了供应链中大量的流动资金，而供应链中信用评级低、不易获得银行贷款的中小企业资金被挤占，资金更加紧张，生产稳定性下降，不利于维护整个供应链的稳定。基于此，有必要通过银行的介入，利用核心企业较高的信用评级，将低融资成本的资金引入供应链，实现物流、信息流、资金流的集成管理，此即为供应链金融产生的原因。

供应链金融就是基于围绕核心企业的信用关系网，在风险得到控制的前提下，将资金引入供应链中的各个需求点，为整个供应链提供流动资金的支持。

典型的供应链由供应商、生产商、分销商和最终客户组成，核心企业可能是生产商（生产关键部件或者完成最终产品的企业），也可能是分销商（如大型超市）。将整条供应链分割，可以分为核心企业上游和核心企业下游。与此相对应，整个供应链融资需求可分为核心企业上游的融资需求和核心企业下游的融资需求（见图5－1）①。

对于核心企业上游供应商，在与核心企业的合作中，供应商企业内部流程主要包括接收订单、购买原材料、组织生产、产成品库存、发货、回款六个阶段。从第一阶段开始投入资金，直到最后一个阶段才能回款，整个过程资金需求较大。对于此类供应商，商业银行可以利用核心企业的高信用评级，采取原材料质押融资、在制品质押融资、产成品质押融资、应收账款融资、订单融资等方式，提供融资支持。

处于核心企业下游的分销商，需要预付一部分深知全部货款订购核心企业的产品，购入产品暂存于仓库，销售给消费者后获得回款，在从支付货款到产品最终销售出去获得回款的时间里，分销商需要流动资金的支持。因此，银行可以与核心企业、分销商三方合作，在要求核心企业提供回购担保的前提下，以核心企业发送的货物作为抵质押物，为分销商提供预付款融资。

---

① 汤曙光、任建标：《银行供应链金融：中小企业信贷的理论、模式与实践》，北京，中国财政经济出版社，2010。

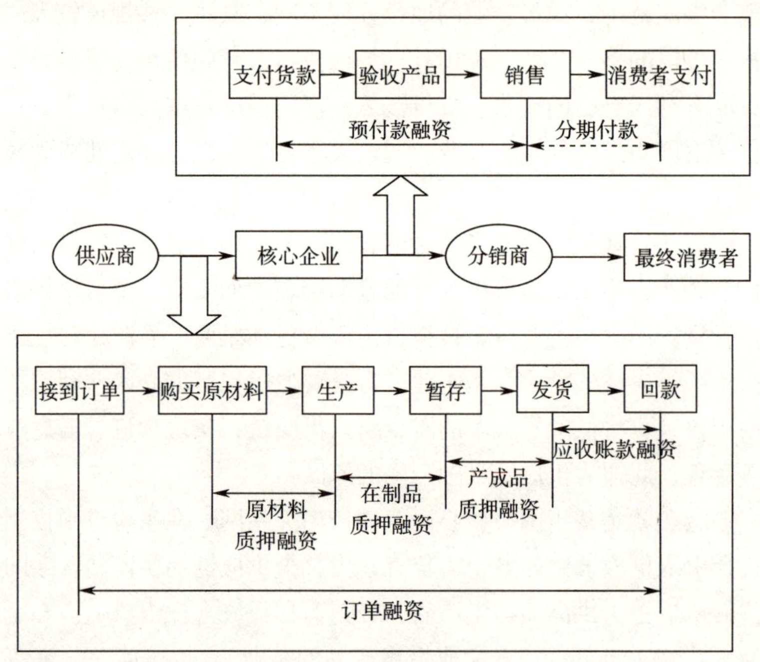

图 5－1　供应链金融框架图

供应链融资的几个主要关键点在于①：

一是与核心企业合作。国外优秀银行的供应链融资经验表明，从核心企业出发，为其供应链成员（上游和下游企业）提供融资服务，是供应链融资的核心要点。通过与核心企业合作，可以实现对供应链上企业集群的网络性绑定；与核心企业合作，可以降低融资风险，将风险管理的重点从资信水平较低的中小企业转移到资信水平较高的核心企业；与核心企业合作，可以固化双方间的合作关系，提高核心企业对银行的忠诚度。与核心企业合作，可以更深入地了解供应链上各企业之间的交易关系，更有效地把握物流、资金流和信息流。

二是引入物流公司。引入物流公司，可以使银行与物流企业建立资金结算关系，带来更多类似于现金管理、公司理财等中间业务；与物流公司合作，可以帮助银行拓展与物流企业相联系的上下游优质企业，开拓出新的客户群；引入掌握融资企业物流过程的物流公司，可以降低银行获取信息的成本，降低信息不对称程度，降低银行贷后风险。

① 汤曙光、任建标：《银行供应链金融：中小企业信贷的理论、模式与实践》，北京，中国财政经济出版社，2010。

三是信息平台的建设。供应链金融信息化系统集成了中小企业、核心企业、物流企业、第三方管理公司以及银行各个主体。有物流、融资需求的企业可以通过该系统向物流公司和银行发出业务需求。通过该信息系统，银行能够清楚地掌握供应链中上下游企业的交易信息，从而为有融资需求的企业提供授信。整个信息平台可以使相关企业简化操作流程，提高流转效率，降低银行的贷款风险，实现多赢。

5.2.2　国内实践①

1. 深圳发展银行

2003 年，深圳发展银行在国内率先提出了“1 + N”的供应链融资模式，所谓“1 + N”是指：基于核心企业（“1 + N”模式中的“1”）与供应链上下游客户企业（“1 + N”模式中的“N”）的合作生产关系，将上下游企业之间的贸易融资业务扩展到整条供应链。这种融资方式从整个供应链角度考虑，有利于整条供应链上资金需求的满足和业务开展的稳定。

深圳发展银行主要通过两种途径发展“1 + N”的供应链融资模式。一种是从“1”到“N”，即利用核心企业“1”在整个供应链中的贸易实力和管理优势，对“1”的上下游客户“N”展开融资业务。另一种是从“N”到“1”，这种情况一般针对供应链上的核心企业为垄断型企业和强势型企业，商业银行通过先开发核心企业的上下游客户“N”，积累银行对“N”的信誉，利用“N”对核心企业“1”的总体影响力，对“1”开展融资业务。

2. 华夏银行

2008 年，华夏银行在全国范围内推出了供应链金融服务品牌“融资共赢链”，当年即取得了良好的经济效益。

“融资共赢链”采取“N + 1 + N”模式，把供应链上的相关企业作为一个整体，按照企业上下游的供应链关系和横向的协作链关系，将供应链中的上下游企业贯通起来，构成完整的产业链条。同时，通过引入国际业务，进一步扩大供应链融资服务区域，实现了国内外客户的一体化。

针对“融资共赢链”，华夏银行在总分行层面建立了供应链金融业务营销管理团队，由相关部门人员参加，负责产品营销管理和技术支持工作，其中全

---

① 汤曙光、任建标：《银行供应链金融：中小企业信贷的理论、模式与实践》，北京，中国财政经济出版社，2010。

国性大型优质客户由总行牵头营销。分行层面营销管理团队主要负责本行业务产品营销活动的组织推动，并且设立了专门的产品经理提供技术支持。此外，华夏银行在分行层面成立了贷押管理中心，全过程参与供应链金融业务的贷前、贷中、贷后管理，依靠专业化队伍防范和控制操作中的风险。“融资共赢链”的产品包括未来货权融资链、货权质押融资链、货物质押融资链、应收账款融资链、海外代付融资链、全球保付融资链、国际票证融资链七个系列。

3. 交通银行

2008 年，交通银行围绕相关行业中的核心企业，通过与国内大型物流公司开展质押监管合作、与保险公司开展信用保险合作等方式，为核心企业上游供应商、下游经销商和终端用户提供融资、结算、风险管理等综合性金融服务方案。交通银行主要通过动产/仓单质押融资、信用保险、厂商银、保兑仓、票据融资、国内/国际保理、个人/法人按揭、买房信贷等多种方式为供应商、经销商和终端客户提供融资。

在物流监管平台、信用保险平台、担保平台三大平台支持下，交通银行可以根据客户的业务流程进行融资，也可以根据企业的贸易流程进行个性化产品的组合，形成了覆盖“供应商—核心企业—经销商—终端客户”的多产品全产业链的发展模式。

交通银行还研发了针对控制供应链金融的完备的风险控制体系。对于信用风险，做好对核心企业及其上下游企业的严格审查筛选及贷后监控，通过三方协议将核心企业及其上下游企业在商务合同项下的业务转化为银行拥有的权利，并通过引入第三方质押监管、信用保险、担保等方式分散弱化信用风险。对于市场风险，银行与外部信息机构进行合作，掌握各类抵质押物每日的最新价格数据。对于操作风险，交通银行完善了管理方法，建立了一套标准的业务操作流程，并通过电子化建设，将供应链金融融合到企业的现金管理系统，实现了电子化的监管。

5.3 商圈融资

5.3.1 原理、兴起与发展

“商圈”是指集聚于一定地域或产业内的商贸业经营群体。最常见的商圈有商品交易市场、商业街区、物流园区、商贸服务业功能聚集区，以及包括上下游交易链条的供应链集群等。改革开放以来，我国商圈发展迅速，已成为中小商贸服务企业生产与发展的重要载体。据不完全统计，全国现有亿元以上交易额的商品交易市场达 4 500 多个，100 亿元以上的商品交易市场达 70 多个，已建、在建和规划中的物流园区近 600 个，规模以上电子商务平台约 2.3 万家。但由于商圈内多数企业属于中小企业，抵押物少、信用记录不健全，融资难问题较为突出，严重束缚了商圈及商圈内企业的发展，也影响了现代流通体系的建设进程。

商圈融资是指针对于商圈内中小企业，商业银行创新担保方式，批量化地开展集群营销而提供的融资。主要采用商圈担保融资、商铺经营权质押融资、虚拟商圈融资等形式。

一是商圈担保融资。即商圈管委会或管理公司对入驻商圈的中小商贸企业进行筛选，然后通过担保公司为其中的合格者担保获取银行贷款。该模式一般出现在资金需求较固定且拥有相对完善的管理和担保体系的生产资料交易市场。其中，管委会的介入至关重要。这是由于管委会对市场内商贸企业非常了解，并通过协议和日常管理对其拥有一定的控制力，因此在融资过程中发挥着信用识别和保证的重要作用。如浙江省杭州湾钢贸城担保公司运用这种方式，已帮助 200 多家入驻企业获得担保融资，总金额累计超过 30 亿元，目前在保融资余额 13.6 亿元，较好地满足了入驻商贸企业的融资需求。

二是商铺经营权质押融资。即个体工商户将商铺的经营权、优先续租权向银行质押获取融资。该模式一般出现在融资规模较小、期限较短、需求更为灵活的交易市场。此类市场中的经营主体多为个体商户，即非企业法人，不仅没有会计报表，担保手段和抵押物也更缺乏，因此权利质押便成为有效的融资途径。与分散的商铺相比，位于交易市场内的商铺经营更加规范，商铺经营权的价值不仅更高，也更容易作出准确评估，因此银行更愿意接受此类经营权质押。如江苏常熟服装城的商户，2009 年通过商铺经营权和优先续租权质押获得银行贷款 2 203 笔，总额达到 20 亿元，大大缓解了服装销售企业的融资困难。

三是虚拟商圈融资。虚拟商圈融资，又称电子商务平台融资，是指银行利用系统自动评级授信和利率定价模型，为在第三方电子商务平台上经营的网商企业提供自助申贷、提款和还款等服务的短期小额流动资金贷款业务；或者与网上商品交易市场商合作，以交易商品现货等作保障，开发计算机辅助评价和利率定价模型，为市场交易商提供自助申贷、提款和还款等服务的短期融资业务。

商圈融资的几个关键点在于：

一是应与商圈管理机构、融资性担保机构等建立各种形式的合作，畅通与经营主体间的信息沟通渠道，及时获取各类信息。积极组织参与银企对接会、洽谈会等，及时了解并满足商圈融资需求。采取客户走访、问卷调查等多种方式，搜集掌握客户信息，建立商圈信息档案，寻找业务合作契合点。二是积极开展与各类网络商城、社区、网络交易平台等虚拟商圈的合作，充分利用认证评价信息和经过授权获得的网上交易信息，科学评价网络经营主体信用状况，进一步提高风险识别和风险控制能力。三是根据商圈及商贸企业经营规模、经营方式、资金运营规律等不同情况，为其制定专门审批机制，在贷款审批中采用灵活的绿色通道制，为企业抓住商机赢得时间。四是加强商圈内电子结算平台建设，建立商圈内交易信息共享机制，解决因信用信息封闭、分散、不对称，无法有效判断交易伙伴信用状况的问题。

5.3.2 国内实践

1. 华夏银行①

2011 年初，华夏银行推出了小企业特色产品——“商圈贷”。“商圈贷”是一种全新的融资组合产品，包含信用贷款、联保联贷、循环贷、宽限贷、批发贷等多种信贷产品。客户可根据自身条件及需求，在信用、抵质押担保、市场管理方担保、联贷联保、商铺使用权质押等多种担保方式中选取一种或者几种交叉组合使用，最大限度地方便融资。同时，该行还十分注重依据各地特色推出不同的“商圈贷”区域产品。针对义乌小商品市场的经营特点，华夏银行杭州分行推出了“商圈贷——义乌国际商贸城”，专为义乌国际商贸城中的经营户提供专属的金融信贷组合服务。只要是市场内正常经营的经营户都可以通过“商圈贷”中的商铺使用权质押申请该行的资金支持，同时根据资金需求的不同，配合联贷联保、担保公司等多项担保方式的组合，抛开了传统实物抵质押的束缚，单户授信最高可达 2 000 万元，可以最大限度地为经营户提供贴心便捷的信贷金融服务。

---

① 网页资料：http://www.zjsme.gov.cn/newzjsme/list.asp?id=20280。

2. 中国建设银行[①]

中国建设银行联手阿里巴巴公司共同打造电子商务融资平台，贷款对象为通过阿里巴巴网络平台贸易的中小企业，优点在于能够有效解决企业没有抵押物而融资渠道狭窄的困难。它将网络信用作为客户评价授信的重要依据，为电子商务客户提供信贷业务，产品包括“电子商务联贷联保”“电子商务大买家供应商融资”和“电子商务速贷通”三类产品。“电子商务联贷联保”业务，是指3家（含）以上销售和资产规模相当的借款人，通过网络自愿共同组成一个联合体，联合体成员之间协商确定授信额度，向中国建设银行联合申请贷款，由建设银行确定联合体授信总额度及各成员额度，每个借款人均对其他所有借款人向银行申请借款而产生的全部债务提供连带保证责任。“电子商务大买家供应商融资”业务，是指供应商在正常经营过程中，以其持有的经中国建设银行和大买家确认的，尚未履行交货义务，相应款项尚未收付的购货订单为依据，向中国建设银行申请的信贷业务。“电子商务速贷通”业务，是指中国建设银行为满足网络中小企业客户快捷、便利的融资需求，对借款人不进行信用评级和一般额度授信，在分析、预测企业第一还款来源以及网络信用的基础上，主要依据提供足额有效的抵（质）押担保而办理的贷款业务，对网络信用好的电子商务客户，还可给予一定比例的追加贷款额度。

3. 北京银行

北京银行与商务部签署《推动商圈小微企业融资发展战略合作协议》。双方将充分发挥各自在商圈建设和融资服务方面的优势，共同搭建商圈融资服务平台，为小型、微型企业开辟融资服务渠道，服务商圈小企业快速发展。

根据协议，北京银行未来将为商务部全国重点商圈内的小型、微型企业提供意向性授信100亿元人民币，全面支持商圈内商户的融资需求。为实现授信落地，北京银行中小企业事业部正式揭牌，针对小企业的特色融资产品“商户贷”当场发布，以全新的组织架构和升级产品服务全力支持小企业发展。

“商户贷”在担保方式上创新推出了商铺经营权质押担保模式，贷款资金还可用于商户支付租金、保证金以及日常经营周转，贷款期限也不仅仅限于短期贷款，而是采取与租金交纳年限匹配的灵活期限设定，金额设定则结合商户的实际资金需求，同时辅助商户经营权质押价值进行确定。为了适应小企业资金需求急迫的实际情况，“商户贷”产品还创新了批量审批、快捷发放的操作

---

① 网页资料：http：//b2b. toocle. com/detail - -4708777. html。

流程，真正实现了小微客户批量化服务模式。

5.4 中小银行小企业金融营销策略选择的讨论

在以上三种营销策略中，批量化、集群化客户营销是共性特点。批量化、集群化营销不仅是商业银行快速提高客户量的有效手段，也是组合管理、分散风险的重要途径，还能降低营销成本，提高规模效益水平。中小银行在开展小企业金融服务时应逐步从最初的“扫街式”个体营销过渡到批量化、集群化营销。

细分来看，三者的机制各有不同。第三方机构合作模式是借助第三方机构对小企业的聚集效应，导入客户名单，实施集群营销，此模式下的小企业分布多是跨行业、跨区域的；供应链融资则是通过与核心企业、物流企业的合作，对其上下游小企业提供融资支持，借助的是核心企业产业链渠道，此模式下的小企业多数是同一行业但区域不同，联系紧密；商圈融资模式是以商圈市场为中介，对同一区域市场内的联系紧密客户实施集群营销。

在此三种模式中，供应链融资客户的空间区域范围最大，商圈融资空间区域范围最小，区域集中度最高，第三方机构推介模式介于两者之间；从行业集中度看，第三方机构（如政府机构、商会、担保公司）推介模式下客户行业集中度相对较低，较为分散，而供应链融资和商圈融资的行业集中度均较高（见图5－2），对专业化的营销能力要求较高。相比于大银行，中小银行多数

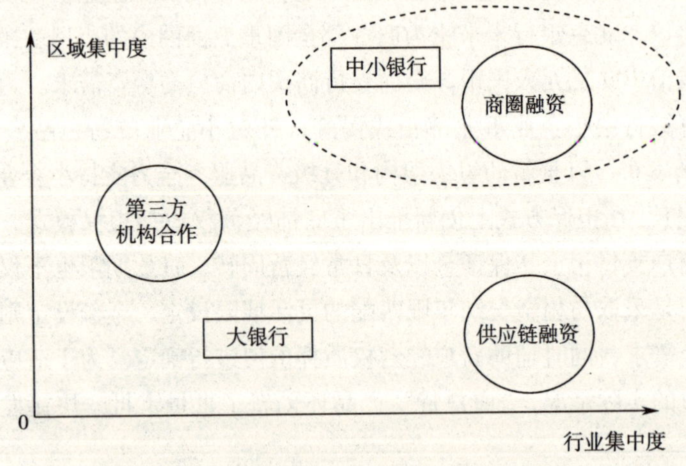

图5－2 区域、行业维度下三种模式分布图

集中于某一区域，且中小银行比大银行更强调行业的专业化。因此，如图 5 - 2 所示，中小银行与商圈融资模式更相近，应重点关注。

综合比较看，集中于某一区域、行业分散能力较弱、积极谋求专业化定位的中小商业银行应在发展初期，立足于挖掘本地专业化商圈市场，针对本地特色商品交易市场、商业街区实施重点的集群营销，在快速扩张客户量的同时，打造对专业行业领域的服务能力，推出专业化的特色产品，为小企业业务的专业化水平提升未雨绸缪。

中期，采取以点（专业市场）带线（产业链、供应链）策略。在提升专业化服务于特定行业市场能力的基础上，找准行业核心企业集中突破，重点营销，建立连接核心企业上下游的供应链融资体系，完善行业营销能力。

远期，采取以线（供应链、产业链）扩面（协作行业、相关行业）的营销策略。针对本地核心行业，继续深化服务层级，提升服务水平，在此基础上，由线扩面，扩展专业化营销范围，最终形成网状式营销体系。

6

中小银行小企业金融的风险管理研究

相比于大中型企业，小企业在抵御风险的能力上存在先天劣势。小企业规模体量小，公司治理不完善，经营管理相对不规范，不具备规模经济效应，再加上，技术层面上，生产工艺先进性不强，技术创新投入不足，使得产品的市场竞争力不高，更易受经济周期波动的影响，突出表现为：在经济下行周期时更易受需求紧缩的冲击，“关停并转”的风险较高，发展前景不确定。与小企业的抗风险能力较低相对应的是，相比于大中企业贷款，银行小企业贷款风险相对较高。

相关数据也表明，小企业信贷的风险相对较高。据中国银监会统计，截至2011年末，全国小企业贷款余额达10.8万亿元，不良贷款余额为2 107亿元，不良贷款率2.02%，高于商业银行总的不良贷款率（1.0%）1.02个百分点，其中单户授信500万元以下小企业贷款不良率更是高达5.14%。[①]

因此，商业银行要发展小企业业务，要更好地服务小企业客户，核心要点之一是建立一整套有效管理小企业信贷风险的制度、流程、办法，合理运用，使小企业贷款的不良率和不良量保持在较低水平，否则，即便短期内小微业务快速发展，也会因不良贷款快速攀升而难以持续。

本章首先探讨了小企业风险管理的基本框架和主要模式，其次指明了当前小企业风险管理的三个重要导向，最后根据中小银行实际，提出了完善小企业业务风险管理的五大策略。

---

① 网页资料 http://www.yixin.com/wm/infor/market/20120425/1237.html。

6.1　小企业金融风险管理的基本框架和主要模式

6.1.1　基本框架

搭建小企业金融风险管理的基本框架需要明确小企业金融风险的主要种类、风险管理的流程。

1. 小企业金融风险的主要种类

根据巴塞尔银行监管委员会 1997 年公布的《有效银行监管的核心原则》，商业银行面临的主要风险包括信用风险、市场风险、利率风险、流动性风险、操作风险、法律风险、国家和转移风险、声誉风险等。对于商业银行小企业金融服务，其主要风险主要包括信用风险、操作风险和法律风险，其中尤以信用风险为首要。

小企业金融服务的主要内容是资金授信，相对应，主要风险是信用风险，要对小企业的信用水平进行严格考察和评级，对不符合信用评级准入的小企业不予授信，防范信用风险。由于国内针对小企业的信用记录很不完善，且小企业信用水平也普遍不高，因此，信用风险管理应是小企业金融风险管理的首要内容。除此以外，操作风险也不容忽视。一方面，小企业金融注重对物流、资金流的控制，强调实地调查和交叉验证，操作环节不少；另一方面，与多数大中企业团队营销模式不同，小微金融强调客户经理个人营销和操作，经手人员相对较少，且单个客户经理接触经手的客户量较多，贷款笔数较多，因此，与传统大中企业信贷相比，小微金融操作风险防控的重要性愈加突出。最后，由于小微金融业务相对较新，相关法律法规还不完善和规范，因此，在小企业业务开展过程中，法律风险也应重视防范。

2. 小企业金融风险管理的主要流程

与传统融资业务的风险管理流程相类似，小企业金融风险管理流程主要包括风险识别、风险评估、风险控制三个环节。

（1）风险识别。风险管理的前提和基础是风险识别。所谓风险识别，是指银行在开展小微金融业务前以及过程中，运用各种方法系统地、连续地对所面临的各种风险以及风险发生的潜在原因进行分析。制作风险清单是银行识别风险的最基本、最常用的方法，它是指采用类似于备忘录的形式，将银行所面临的风险逐一列举出来，并与实际经营活动联系起来，动态地分析、理解风险。此外，常用的风险识别方法还包括资产财务状况分析法、专家调查列举法、情景分析法、分解分析法、失误树分析法等。运用风险识别方法，对小微金融业务中存在的各种潜在风险因素进行识别，有助于体现预判风险影响，做到防患于未然。

（2）风险评估。风险评估是银行风险管理的第二步。通过风险识别，银行在准确识别小微金融业务所承受的风险形态后，需要进一步对存在的风险进行分类，并分析风险在量上可能达到的程度以及能给银行带来损失的大小，以决定如何对其进行控制。银行管理层要对识别的各种风险可能造成的结果进行全面、详细的分析，并评估这些结果对全行战略目标实现的影响程度。在风险评估的方法方面，主要采用定性和定量相结合的办法。对风险进行定量分析是当前风险评估的重要发展趋势。对于小微金融业务来说，进行定量分析的最大难点在于历史数据的积累。小微业务发展较晚，案例数据还不够多，再加之多数银行缺乏针对小微业务风险管理的 IT 系统，数据获取、积累还不足，很难建立起准确计算我国小企业信贷风险概率的有效模型。

（3）风险控制。风险控制是银行风险管理的第三步。风险控制是对经过识别和计量的风险采取分散、对冲、转移、规避和补偿等措施以进行有效管理和控制的过程。风险控制的实施要使得全行小微金融业务的风险管理战略和策略符合全行战略的要求，要使得风险控制措施符合风险管理战略和策略要求，并在成本/收益基础上保持有效性。小微金融风险控制的措施要置于全行风险管理的总体框架，要着眼于有效性、适合性，即风险控制措施要符合小微金融业务的特点，要能有效控制风险，避免风险蔓延和传导。

6.1.2 主要模式

区别于大中企业业务，小企业的大数量、广区域、多行业和批量化营销、流程化管理的小微金融特点，决定了小微金融业务采取的风险管理模式要不同于大中企业业务的精细化风险管理模式，应特别突出组合风险管理，变单体风险管理为组合风险管理。组合风险管理模式突出表现在两个方面，即行业组合风险管理和企业组合风险管理。

1. 组合风险管理的原理

传统的银行风险管理侧重于单笔业务和单项交易，但是现代金融风险计量技术和实证研究均表明，当单笔业务合并上升到组合及资产负债表层面时，风险并不是简单数量的累加，而是会发生质的变化，乃至出现明显的“合成谬误”。具体地说，当单笔业务、单项交易层层加总汇集形成银行整体资产负债表时，业务和交易中间的各类风险也在逐一耦合，进而产生组合层面的整体风险。

相对应，风险管理着眼点如果仅仅局限于单一业务、单笔贷款、单个客户时，很容易出现“只见树木不见森林”的问题，忽略了业务与业务之间、贷款与贷款之间、客户与客户之间的风险传导和联动，当风险传导、耦合至一定程度后，个体风险将质变为“群体风险”，因此，仅针对于某一个体的风险管理模式如调查处置，将很难有效控制整体风险。

另一方面，从风险的分散与分担机制来说，组合风险管理有助于降低小微金融业务的整体风险水平。一方面，风险在空间上的分散需要信贷行业、区域的多元化，需要降低贷款的集中度；另一方面，风险在对象上的分担需要贷款主体的多元化，需要引入担保机构、核心企业、商会、市场、商圈等机构，形成多个贷款主体的组合体，实现整体组合的风险的相对分散和平滑。

依循此逻辑，对于小微金融的单项业务的风险管理来说，转变传统的针对个体的风险管理是必然方向。因此，需要从组合的视角重新审视风险管理，需要尝试建立组合风险管理模式。将小微信贷资产按不同维度如不同行业、不同地区、不同种类、不同期限划分为不同的资产组合。组合原则是尽量选择正关联性低或负相关性高的资产搭配，把资产分散到不同领域，防止过度集中，如在信贷投向上要设定单个行业的最高贷款比例、单个地区的最高贷款比例、单个客户的最高贷款金额等各种限额指标，交易业务要选择多元化的品种。

（1）组合风险管理介于公司业务的精细风险管理与个人业务的批量风险管理之间。公司业务主要采用精细风险管理模式。贷前，针对单体进行详细的现场调查和非现场的报表分析，现场调查由双人或多人进行，着重搜集各类定性和定量信息，报表材料种类众多，包括财务报表、专利技术、资信报告、环评资格、行业状况、区域经营、销售报告等各种信息，并利用其各种信息尤其是硬信息，输入信用评级模型，进行信用评级，根据信用评级结果确定其是否具有授信资格，在此基础上，进行放款。贷后，采取定期现场检查和报表资料报送相结合的贷后管理方式，由该客户的专门客户经理定期联系客户，紧密联系沟通，定期走访调研，获取客户的真实信息，定期撰写贷后检查报告，防范信用风险。这种风险管理模式的最大特点即是精细化，注重单体分析，注重分析单个企业所处的市场环境、区域政策的变化，密切关注企业内部经营情况、公司治理、高管人事变动等不确定因素。关注的面较广，关注的内容较细，并且由于大企业的信息来源较多，社会监督较多，再加上，银行投入贷后管理的人力及各种资源较多，因此，风险监控的周密性和完善性相对能够得到保障，精细化水平得以保证。

而个人业务的风险管理模式则有别于公司业务，更多的是一种批量化风险管理，即不关注具体某一个人用户的信用道德、资信、收入、财务等细节情况，而重点关注这一群体的整体风险状况。例如，在按揭贷款中，重点关注开发商的资质水平和该开发项目的“五证是否齐全”，而对个人信息相对要求简单，仅要求提供收入证明、身份证明、家庭情况证明等简单要素，而不对具体某一人的财务收入状况等信息作详细调查确认，也不获取水、电、个人所得税、固定资产等个人信息做交叉验证。可以看出，这种批量化的风险管理模式，最大特点在于关注群体所依赖的共同担保品，即房屋状况、开发商资信。在具体风险处理方式上，也是注重批量化，关注总体，把握核心要件，忽略单个客户的具体细节，但在合同签订时以单个客户为单位签订。

由于小企业贷款既具有公司类贷款的法人贷款特征，又在贷款需求要素特征方面与个人贷款极为相似，因此，小企业贷款的风险管理模式也应该综合公司类贷款和个人贷款的风险管理特点，构建起介于两者之间，综合两者优势特点的风险管理模式，即组合风险管理模式。组合风险管理定位于管理组合风险，既不同于关注某一单体的精细化模式，又不同于个人业务的批量化模式，注重把握几家企业、几十家企业的联合体的风险，关注组合的风险动向，严密防范组合内部的信用风险传递，坚持确保组合风险的可控和具体某一企业的重要风险的把握，可以说是两种风险管理模式的优点的综合体，具有鲜明的特点。

（2）组合风险管理应体现多维度、多视角。在构建风险管理组合时，应多维度、多视角，以便于风险的分散与分担。既可以从行业维度出发，将具有相关性的几类行业客户进行组合，分析行业间的相互影响和风险传导机制，给予综合考量和组合管理。综合考量方面，包括对行业影响度、影响时效、影响路径等方面的考量，组合管理方面，包括对行业组合的组合风险计量、授信限额管理、风险传导控制等。也可以从区域维度出发，将不同区域的企业进行组合分析，跟踪组合内企业的资金往来，分析其相互联系，在此基础上，分析各区域的不良率历史数据，探讨各区域风险限额配比，研究设立跨区域风险分散的模式和机制。还可以从企业生命周期维度出发，根据企业不同生命阶段

（投入期、成长期、成熟期）的风险不同的原理，将处于不同企业生命阶段的关联小微客户进行组合管理，以达到风险对冲。

采用不同维度、视角进行组合，实现的风险管理效果是不同的。例如，对相关行业、市场进行组合风险管理，起到的是将授信风险依托产业链上下游进行纵向平滑；对不同区域的企业进行组合管理，目的是降低授信区域集中度，实现授信风险在不同区域的分散；对不同生命周期阶段的相关联的企业客户进行组合管理，目的是引入处于成熟期的核心企业，将单个处于相对高风险阶段如投入期的小企业的高经营风险经组合后分解和转移，得到风险对冲和信用增级。

因此，可以看出，采用多维度、多视角的方法去构建风险管理组合，有助于实现小微金融风险管理的多策略、多目标。下文具体分析两种小微金融普遍采用的组合风险管理：行业组合风险管理和企业组合风险管理。

2. 行业组合风险管理

行业组合风险管理基于风险平滑和分散原理。行业发展是有重点的，呈现阶梯形。不同行业具有其特定的经济运行周期和风险特点，例如，房地产业具有典型的亲周期特点，当经济萧条时，行业景气度较低，当经济复苏乃至高峰时，行业景气度回升至顶点，随后回落，呈现出较强的波动性。但相对而言，有些行业如商贸业、教育业则不具有如此明显的周期性，表现在，行业景气度在经济周期不同阶段均呈现一定稳定性。因此，当此两类行业进行适当组合，行业景气波动风险能得到一定程度的熨平，从而实现风险平滑。

具体来说，行业组合风险管理应有两种模式：相关行业的组合、无关联行业的组合。两种模式的差别在于行业关联度和风险分散度。相对来说，相关行业的组合更容易寻找相关性，更容易通过对某一行业的观察延展出整个组合风险的认识，但风险分散程度相对偏低。而无关联行业的组合，更能平滑行业发展的差异性，体现风险的分散性，但是在具体行业的选取上，存在多种组合，对于各组合的风险分散效果应分别评判确定。

在具体构建上，行业组合风险管理应注意以下三方面情况：

一是行业选择应着重于相关性分析。从信贷资产入手，对银行的信贷分布从行业维度进行资产组合，对现有银行内部不同行业之间小微信贷资产进行相关性分析，由审贷专家按正相关、不相关、负相关三种标准确定出两个、多个行业之间的大致相关性，作为行业信贷资产最优组合的依据。

二是开展行业信贷资产组合的风险收益分析。对各个行业信贷资产组合的资产质量、盈利贡献、增长状况进行收益分析。同时对不同行业信贷资产组合的风险进行分析，通过引入外部指标和内部指标，经过专家经验赋予各自权重，对其组合风险的指标进行打分评估。外部指标可以是行业系统性风险指标，如环境风险、经营风险和财务风险；内部指标可以是银行内部行业资产质量和风险状况指标，如该行业资产组合的不良贷款率、预期损失率、利息实收率、不良贷款变化趋势、贷款增长率等。最后，为了对不同资产组合的风险状况进行对比分析，将上述指标计算结果进行汇总，可以计算出各个行业资产组合风险判断分值。

三是进行组合风险限额管理。在对资产组合风险收益分析后，对小微信贷的行业投放进行组合限额管理，分散行业集中度风险。在分析存量信贷资产的集中度，考虑各行业总量合理布局前提下，对重点行业提出组合管理限额。在行业限额设定过程中，银行可以根据行业风险变化和实际投放情况预留一定的调整空间，以应对信贷市场的变化、平衡风险与业务发展。

3. 企业组合风险管理

企业组合风险管理是微观层面的组合风险管理。具体来说，实施企业组合风险管理，就是要通过成立企业授信组合体，形成互保机制，分担单个企业的高经营风险，实现风险分担，同时，利用企业与企业间的紧密关系建立信任约束机制，要求组合内企业相互监督，提高授信企业的违约成本，强化授信企业切实履行信贷合约的动力，防范道德风险。

（1）不同类型企业间的风险限额管理。对不同类型的企业进行组合限额管理，分散客户和授信的集中度风险。合理安排信贷资源在不同类型客户群体的投放，对风险较高的客户群体设定贷款总量上限，对单个客户的授信总量进行限额管理，防范授信过度集中风险；对大型企业集团客户提出单一法人、单一集团、前十大客户、前十大集团的授信总量进行限额管理，防止过度授信引发的系统性风险。

引入初步的经济资本配置和绩效考核。通过历史数据分析，统计出不同行业、地区、产品的平均损失及预期损失的波动性，按照自行确定的原则推断未来时间内的行业、地区、产品的未预期损失，在未预期损失的基础上设定风险限额并进行经济资本配置，同时尝试进行 RAROC 考核，引入夏普比率进行不同行业、地区、产品收益的比较，判断业务单位风险收益是否匹配，以此作为银行实现高级的、定量资产组合风险管理的突破口。

（2）融资企业间的风险分担。投资组合理念认为，企业风险的分散程度与企业间的相关性紧密相关，当企业与企业间的关联度较低，甚至是负关联度时，单个企业的风险不仅可以得到一定程度上的分散，甚至能够得到对冲。此外，融资企业间的经营状况和资信水平有较大差异，当好的企业与相对差的企业组合成关联授信体时，实际形成对差企业的一种信用增级和风险分担机制。

（3）银行与第三方机构合作下的风险转移。商业银行引入第三方机构（如担保机构、商会、市场、政府园区）开展合作，可以很好地实现单体风险的分散与转移。其一，可以借助外部机构的信息获取能力及其与拟授信企业的紧密关系，了解掌握拟授信企业的真实信息，降低信息不对称性，防范逆向选择；其二，引入第三方机构，有利于建立互助担保基金，提供第三方的信用支持，对于商业银行来说，也是一种风险转移的机制；其三，借助第三方机构对拟授信企业的较强约束力，强化第三方监督，可降低拟授信企业违约的道德风险，在一定程度上，使得单个小微客户企业的高信用风险和高道德风险转移到了具有相对较好资信水平的第三方机构身上，有利于风险平滑。

6.2 风险管理导向

小企业个体风险相对较大，但具有组合风险分散功能，因此需以做“批发”的理念做小企业业务，以流程和品牌优势拓展市场，以产品带动、客户群挖掘来形成规模效益，通过风险定价和拨备覆盖预期损失。从近几年国内外小微金融的发展实践和经验看，小微金融的风险管理呈现三个方面的导向转变，即从“物质信用”到“人文信用”的转变、从“单体风险”到“组合风险”的转变、从注重“第二还款来源”到“第一还款来源”的转变。

6.2.1 从“物质信用”到“人文信用”的转变

传统大中企业业务的风险管理强调物质信用，即抵质押品、具有较强流动性的企业资产，要求企业为授信提供足够的保证，但小企业往往缺少很好的抵质押品，比如土地、设备，容易变现的资产也较少，更多的是应收账款、存货。在此背景下，依照传统的注重物质信用的理念，小企业将很难获得贷款，商业银行的小微金融业务将很难快速拓展。因此，当前，多数银行在开展小微金融业务过程中逐步转变之前注重“产品”“押品”的理念，转变之前“只注重财务信息，忽视信用信息”的倾向，更加关注“人品”的重要性，更加强调分析企业主的信用状况和道德水平，通过与企业主交谈了解其个人素质，通过访谈周边人、观察关注外界对企业主的认识看法；更加关注企业主之间的信任、了解和业务往来关系，创新互保、联保等担保模式，体现出小微金融信用风险管理理念从“物质信用”到“人文信用”的转变。

一是贷前调查中更加关注人品因素。企业主的良好人品是授信企业按期足额还款的基础，在贷前调查中，信贷员重点考察借款人的品行情况，看其是不是诚实守信，是否有不良嗜好，看其家庭是否和睦，朋友评价是否好，看其在经营伙伴中的口碑，了解其社交情况，并以此作为后续分析的基础。

二是注重对非财务信息的搜集和分析，实现“数字化信息”与“社会化软信息”的有机结合。如浙江泰隆商业银行的小企业客户经理在调查过程中，综合了解客户的“三品”，即企业主的人品、经营的产品、企业拥有的押品，并据此评估客户的还款意愿、还款能力、还款保障；通过查看企业的“三表”，即水表、电表、海关报表，为银行提供真实的企业生产经营信息。

三是注重从非财务因素出发进行风险评估。打破传统信用评级中对财务因素的依赖，提高对非财务因素的重视。在非财务因素中，企业主个人履约记录、经营管理能力、个人生活习惯是作为判断企业主道德风险的重要因素。具体评价指标包括企业主学历情况、从事本行业时间、遵纪守法、婚姻家庭、同行评价、社会信誉、经营管理能力等。

四是注重对小企业的“现金流测评”，准确把握客户的经营动向。如一些银行根据“重分析、轻抵押”的指导原则，总结出“基于现金流的单人单户分析技术”，动态了解和分析客户现金流量的大小、频率、每月可支配收入等日常经营信息，同时对客户的财务和非财务信息进行逻辑交叉验证，准确评估客户的还款能力和还款意愿，使得小企业贷款减轻了对抵押担保的过度依赖。

五是加大对互保、联保等担保模式的创新与支持。提倡鼓励相互熟悉且有资金业务往来的多家小企业相互担保，或组成联保共同体，降低对单个企业抵质押品的依赖度。具体来说，“互保”贷款指由两个企业之间对等承担保证担保责任的保证贷款，而“联保”贷款是指3家或3家以上企业，自愿组成担保联合体，其中某一家企业向银行申请贷款后，联保体所有成员都需承担还款连带责任。互保、联保模式的创新从本质上是一种“人文信用”的体现，是基于对企业主之间紧密关系的一种信任。

6.2.2 从“单体风险”到“组合风险”的转变

传统的公司业务的信贷风险管理模式主要是依靠客户经理对单个客户进行

贷后检查，获取客户企业的经营信息，据此分析其经营情况，掌握其风险状况，对企业的还款能力和信用水平作出合理判断。其主要特征表现为：注重对单体风险的防控，注重担保抵押手段对风险的缓释。但对于小企业业务来说，由于其客户数量众多，一个客户经理往往管理着几十家甚至上百家的授信企业，经营情况千差万别，行业技术相异，如果依然着重把握单个客户的信用风险，带来的问题是要么贷后管理的成本很高，要么单个客户经理贷后管理难以深入，可能仅是蜻蜓点水，获取信息的全面性、真实性和准确性难以保证，对单体风险的真实识别和准确评价难以做到，贷后风险的预防控制工作缺乏开展的基础，因此，为适应于小企业业务的此类特点，小企业金融的风险管理重心要从“单体风险”向“组合风险”转变，着重从组合的信用风险、市场风险情况总体把握，不拘泥于组合内单一企业的信用风险状况，强调抓组合，抓主体，抓重点。

一是组合风险管理前移，在营销阶段即强调组合分析。在营销阶段，客户经理和风险经理应牢固树立组合理念，将具有较强联系的企业（包括上下游、同一市场、同一商会）组合在一起，分析企业之间的关系，尤其是资金往来关系，掌握企业关系的紧密程度。在此基础上，要求企业提供联保、互保保证，构建授信组合体，明确授信组合中各主体的责任业务，实现从营销阶段即实施批量营销和组合管理。此外，在组合中要明确何为核心企业，设计核心企业对组合风险的保障机制。

二是在授信审查审批中，突出核心企业对组合风险的保障程度。一般来说，依托核心企业开展小微金融，可以迅速扩展小微客户群，可以提升小企业的信用评级。因此，在组合授信审查审批中，要重点考察核心企业的经营管理能力，了解核心企业的信用记录，分析核心企业对组合授信的保障意愿和能力，强化核心企业与拟授信小企业的联系与支持，突出单体风险在组合内的分散与分担。

三是“组合风险”管理要重点突出行业维度。要加大对行业的研究，要善于研究企业的产业导向、市场前景，了解小企业内部管理的特点，特别是企业经营者的素质，着重于从经营层面上分析透组合中各小企业的真实经营情况，然后来设定防范风险措施，比如现金流水比率、核心企业担保比例等。这样才能有效地控制组合风险，完善为小企业服务的机制建设。

四是在组合风险管理模式中，强调重点风险把控。对于组合风险管理，应重点突出对信用风险和操作风险的管理。对于信用风险，从组合出发，从核心企业入手具有较好的效果。但道德风险的防范，则需要商业银行既要对外，也要对内。对外方面，防范组合内企业串通合谋“骗贷”，避免“互保、联保”变成“假保”，要重点审查组合内企业间资金业务往来的凭证、合同、收据等记录，验证企业间紧密关系的真实性。对内方面，突出信贷员的道德风险防控，严防内外勾结，合谋作假。

6.2.3 从“第二还款来源”到“第一还款来源”的转变

传统的公司业务的信贷风险管理注重第二还款来源即抵押担保品的提供。片面地把借款人能否提供抵押物作为贷款的主要依据，忽视了对借款人实际偿付能力的分析，且在贷款评估结果中也重点考虑房地产等抵押物的市场价值，而对第一还款来源却很少过问。这种过分注重抵押物而轻视对第一还款来源的分析是不可取的。在近年来的小微金融实践中，各家商业银行开始从注重“第二还款来源”向注重“第一还款来源”转变，更加强调对现金流、经营情况的分析。

第一还款来源其实是借款人的预期偿债能力。要了解借款人的预期偿债能力，客户经理必须对借款人的现实经营情况进行一次全面细致的调查。注重第一还款来源，实际上是更加注重对借款人经营情况的分析，更加关注客户企业的现金流状况、生产经营情况、销售情况、资产负债和利润情况，

传统模式下，商业银行注重第二还款来源即抵押担保，通过对不同抵质押品设置相对保守的抵质押率上限来控制风险，但实际上，不论采取何种贷款方式，借款人的第二还款来源只是起必要的补充作用。事实证明，当第一还款来源出现问题时，对第二还款来源的追偿往往会受到多种因素的干扰，从而出现操作难、变现难、执行难等问题。因此，必须将贷款看成是一次风险投资，坚持把第一还款来源作为贷款发放的第一审查要务，了解和掌握借款人现实情况，这才是从源头上防范信贷风险的关键。

一方面核实借款人的财务报表，通过实地盘查可以挤掉报表中的“水分”，如实反映借款人的现状；另一方面，根据调查结果分析、预测借款人的预期偿债能力，确定贷款贷与不贷、贷多贷少，这是信贷资金按期收回的前提。

另一方面从投资的角度经营贷款，这也要求客户经理关注第一还款来源。信用社为收取利息而发放贷款，而借款人成为贷款的经营者，是用其经营收益作为偿还，当借款人经营不善、资产贬值时，风险就会转嫁给银行。

因此，把贷款作为投资来经营，这就要求客户经理通过关注借款人及投资项目的运营情况来掌控借款人，时刻敲响风险警钟，才能使所经营的贷款安全且富有活力。

此外，重视第一还款来源，还可让客户经理及时了解企业动态，必要的时候实施信贷退出策略。过分注重第二还款来源容易滋生客户经理“重发放，轻管理”观念，而关注第一还款来源，则要求我们对借款人进行全面了解和动态管理。当借款人生产经营发生变故时，我们能及时退出，进而有效防范信贷风险。

6.3 风险管理策略

6.3.1 审慎、科学地把握贷款规模和结构，限制组合授信的总量和集中度

组合限额是指信贷资产组合层面的限额，是组合信用风险控制的重要手段之一。通过设定组合限额，可以防止信贷风险过于集中在组合层面的某些方面（如过度集中于某行业、某地区、某些产品、某类客户等），从而有效控制组合信用风险。组合限额可分为授信集中度限额和总体组合限额两类。

在商业银行小微金融的具体风险管理中，应针对不同维度的组合，充分评估组合风险限额影响，科学审慎地把握贷款规模，合理调整组合的贷款结构，降低组合授信的规模风险和集中度风险。

首先，根据组合内企业经营状况、现金流、第一还款来源，确定组合授信规模，完善小企业信贷风险限额管理。总体组合限额是在分别计量贷款、投资、交易和表外风险等不同大类组合限额的基础上计算得出的。风险限额的测算不仅依据客户自身的财务指标，同时也考虑第二还款来源情况。重点是根据抵质押物的足额有效性确定贷款额度，并在根据第一还款来源测算贷款偿还能力的基础上，依据客户提供的不同担保方式及提供的抵质押物可变现价值情况，确定小企业的贷款风险限额。

其次，合理调整组合内各主体的授信结构，限制组合授信集中度。授信集中是指商业银行资本金、总资产或总体风险水平过于集中在某一类组合中。通

常，授信集中度限额可以按单一的交易对象、关联的交易对象团体、特定的产业或经济部门、某一区域、某一国家或经济联系紧密的一组国家等进行设定。其中，行业、产品、风险等级和担保是最常用的组合限额设定维度。具体到小企业的组合授信集中度来说，要尤其注意同类型企业比如商贸流通业的授信集中问题，要将同类型企业的授信总额与该类型企业所处的外部环境、内在经营状况、市场背景等多因素结合起来分析，适时合理调整授信限额，避免风险过度集中在某一行业或某一区域。

最后，小企业信贷风险的防范要总体把握，加强组合分析，总结适于本银行的组合授信结构。各家商业银行特别是地方城市商业银行所处区域的产业特点差别较大，信用风险水平也不同。因此，并不存在适用于所有商业银行的组合授信结构。这就需要各家商业银行一方面注意加强本行的小微客户特点，从多个维度构建组合，尽可能增加组合授信结构的多样性，另一方面要建立授信记录库，积累历史数据，总结授信规律，搭建授信违约度计量模型，摸索适于本行的组合授信配置和结构，构建本行在小微授信业务中的专业性，打造核心客户群，同时分散组合集中风险。

6.3.2 加强对核心企业和相关企业的总体风险控制

在小企业金融风险管理中，应始终突出对核心企业、重点企业的关注，在此基础上，结合相关企业的经营管理、现金流等状况，识别风险类别，确定、评估总体风险水平，提出风险处置的方案，做到总体防控。

之所以强调核心企业、重点企业，根源在于批量化营销、规模化处理的小微金融模式必须依赖于对组合中核心企业、重点企业的关注、控制和评价，即掌握住了核心企业、重点企业的风险情况，才能抓住整个组合的关键点，才能实现由点及线、由点扩面的总体风险防控。在具体操作中，可依循以下逻辑。

首先，强调对核心企业、重点企业的跟踪、评估。针对组合开展集中授信，小微客户经理、风险经理要在贷前、贷中、贷后的全流程中加强对核心企业、重点企业的评估。贷前，加大现场调查力度，了解掌握核心企业与上下游小企业的关系紧密度，多方验证其资金往来，探讨核心企业对小企业的信用增级可能；贷中，突出分析核心企业的财务状况、现金流状况、生产经营状况，确定其总体信用评级，在此基础上，确定组合内小企业构成，明确核心企业对小企业的信用担保方式和额度，确定授信方案，签订贷款合同。贷后，突出对核心企业的跟踪、检查，通过现场、非现场形式多方搜集核心企业的相关信息

（包括财务、生产经营、销售、内部管理、公司治理等各方面），评判其风险状况，确定整个组合贷款的风险度。

其次，围绕核心企业、重点企业防范组合授信风险。要突出核心企业、重点企业的高信用水平对组合贷款的保障程度。在贷款申请中，要求核心企业、重点企业、市场对申请企业的资质进行严格的审核把关，甄选符合贷款资质要求的企业，其后提交至银行，实现风险防范前移。贷后，还需要核心企业、重点企业实施贷款控制，防范组合内个体企业的贷款风险。由于在整个过程中，核心企业、重点企业、市场、商会要承担较大的工作量和担保风险，因此，需要建立相应的风险对冲和补偿机制。比如，小企业对核心企业提供存货、发票、合同等有价值凭证作为反担保，市场内个体商户向市场提供承租权合同作为反担保，实现组合内风险对冲；补偿方面，获得授信的小企业可根据授信额的一定比例（如1%）提供担保费用至核心企业，作为对价补偿，以提高核心企业的积极性。

再次，借助供应链、产业链、商圈市场对授信企业客户的关系控制。比如，专业市场集群业务模式等需要发挥平台（市场管理方）对聚集企业的制约能力，并防止平台脱钩产生的风险。再如，供应链上核心企业对整个供应链的物流和资金流能产生较大影响，借助与供应链上核心企业合作，可以掌握供应链内中小企业的核心信息，更加有效地控制整个供应链的风险。此外，供应链上核心企业与配套中小企业有直接的贸易往来，从而使银行可以更清楚地了解中小企业的贸易情况，核心企业可以为中小企业的融资提供相关担保。

最后，完善组合风险控制机制。要把风险点梳理和把控作为风险控制的核心内容。针对小企业普遍存在的财务报表缺乏或不真实的问题，需要严密跟踪小企业的现金流状况。从资金流向分析掌握其出入货情况、销售回款情况、经营成本情况、管理精细化情况。继而，对企业贷款的按期足额偿还可能性做出评价，如果预估存在风险时可及早采取措施，积极应对。再如，针对小企业抵质押物缺乏的问题，可引入第三方机构如供应链上的核心企业、市场、园区管理机构、商会组织，构建第三方机构保证机制，从而利用第三方机构的高信用评级，提升小企业的资信水平，完善组合风险控制。

6.3.3 加强外部合作，构建风险分担机制

加强与第三方机构合作，构建风险分担机制，是商业银行小微金融风险控制的特有方式。通过第三方机构，银行能有效控制风险。

第一，积极与物流企业展开合作，加强与客户的信用管理。因为物流企业拥有掌握客户及质押物第一手资料的优势，银行以此建立起对客户的资料搜集制度、资信调查核实制度、资信档案管理制度、信用动态分级制度、合同与结算过程中的信用风险防范制度、信用额度稽核制度、财务管理制度等一系列制度，对客户进行全方位的信用管理，形成互动的监管和控制机制。

第二，加强与融资性担保机构合作，创新业务模式，优化审贷流程，在责任明晰的前提下，有选择地与融资性担保机构开展长期、稳定、深入的合作，构建平等、互利、共赢的合作模式，共同加强对借款企业的信用监督，形成安全有效的“保—贷—还”运行机制。

第三，引入商会、市场、园区等第三方机构，加强合作，明确各方的责权利，借助商会、市场、园区对小企业的了解度、影响力和约束力，一方面，有效遴选具有较高资信水平的小企业，从源头上把关，提高授信企业的质量水平；另一方面，提高小企业信贷违约的经济成本和声誉成本，降低小企业贷款的道德风险。

6.3.4 加强现金流管理，完善风险管理手段

现金流管理是小企业金融风险管理的重要手段。现实经营中，许多商业银行采取控制企业现金流的方法，来控制企业的还款来源。这种方法的机理是在贷款合同中约定一个企业的账户组合，这个账户组合实际上是对企业不同性质资金流入和流出的一种控制，通过这种方法，银行可以很好地控制企业的现金流，有效降低违约率。

小微金融的现金流管理，是指银行通过对流程模式、产品运用、商务条款约束等要素的设定，对授信资金循环及其增值进行管理与控制，实现信贷资金投入后的增值回流。这里的现金流的管理并非传统的现金流预测，而是区分资金的性质后，对资金包括出发点、流量、流向、循环周期等方面的全面管理。

现金流管理旨在保障银行授信资金进入供应链的经营循环后，能够产生足够的现金流抵偿到期债务。控制住现金流，也就控制住了还款来源，增强了还款来源的可预见性、操控性和稳定性。

现金流管理的几个要素包括：

第一，流量的管理。主要是控制授信限额，重点考察现金流量与借款人的经营规模和授信支持性资产的匹配关系；借款人的采购或销售网络、上游的供货能力、下游的支付能力等因素。

其中，包括单笔贸易现金流量的计算，需要综合考虑交易双方的履约意愿和履约能力，申请人自身的承债能力等，估算该业务申请人自有资金和银行投入资金的比例，还包括受信企业一定期限内现金流量的计算，主要依据受信企业过往交易记录及其业务合理发展幅度来匡算。

第二，流向的管理。就是对现金流去向和来向的控制，即在具体操作环节上落实贷款用途。回流的现金是银行关注的重点，其中包括回流现金的路径、回流量以及回流时间。

积极推行现金流管理。通过对客户在商业银行存款、结算等的管理，重点监控其现金流情况，把握客户第一还款来源，通过非财务信息等指标，准确判断企业的质量，培养真正防范风险的能力。

目前，现金流的管理包括以下一些方法：

金融产品的组合运用。根据金融产品本身的特征及其对资金走向和回收的组合安排，可较好地控制现金流的循环。如指定银行承兑汇票、商业承兑汇票的收款人以及指定付款账号可控制资金的去向，直接将资金支付给上游卖方；通过国内保理业务、指定商业承兑汇票贴现人、协议约定或购销合同上注明回款账号唯一性等手段可以确保现金的及时回流。以上操作控制手段可作为审批意见中的限制性条款，在授信出账前落实和监督执行。

信息文件的约束和控制。现金流的信息文件可以约束现金的流向，也可以客观地反映现金流运动。如资金的去向可以在汇票上载明收款人或指定付款账号，在发货单或提单上的收货人、提货人栏可注明为银行或银行指定的收货人以监控货物；同时发货单、提单也是物流的流向及不同节段上某一时间货物所处状态的证明。

业务流程模式和商务条款的控制。可通过合同中的商务条款、协议多方约定保障现金回流的路线。可通过给企业设定保证金账户、封闭授信来处理应收、应付、存货的管理；办理业务时要求必须提供相关合同、发票、发/收货证明等现金流物化载体。

发挥财务报表在现金流控制中的作用。受信人连续的财务报表可以勾画出一个相对完整的现金流向图。财务报表是现金流在数据上的体现，贸易链条各参与者每一时点的财务报表都体现了资金的静态状况以及其与有关资产负债项目的相关关系。对企业应收账款、应付账款、存货、货币资金及销售收入的监控和管理，是控制和检视现金流的有效手段。

7

中小银行小企业金融的人力资源管理研究

通常，人力资源管理，是指组织在经济学与人本思想指导下，通过招聘、甄选、培训、报酬等管理形式对组织内外相关人力资源进行有效运用，以满足组织当前及未来发展的需要，保证组织目标的实现与成员发展的最大化。具体内容包括预测组织人力资源需求并作出人力需求计划、招聘选择人员并进行有效组织、考核绩效支付报酬并进行有效激励、结合组织与个人需要进行有效开发以便实现最优组织绩效的全过程。

人才是商业银行发展的核心，商业银行要做好小企业金融服务，离不开一支熟悉小微金融业务的专业人才队伍。人才队伍的专业化水平高低直接决定商业银行小微金融服务的开展效果，直接影响客户对该行小微金融服务的满意度。2005 年 7 月，中国银监会在《银行开展小企业贷款业务指导意见》中首次提出小企业金融服务的“六项机制”，即明确地将小企业金融服务定位于“商业可持续”的前提下，督促银行业金融机构按照市场规律，建立和完善风险定价、独立核算、特色审批、激励约束、专门培训和违约信息通报六项重要机制。其中专门培训机制指的就是商业银行要通过专业化的选拔、培训培养专门从事小微金融服务的人员，不断提高信贷人员的专业素质。

因此，如何通过招聘选拔、培训、绩效、激励、考核等一整套的人力资源管理手段，构建具有较强专业性的小企业金融团队特别是客户经理团队，是摆在每家商业银行小企业金融业务部门面前的重大课题。基于此，本章从小企业金融专业队伍建设的总体原则、岗位设置、招聘培训、资格审定和人员薪酬激励、考核体系出发，探讨中小银行建设小企业金融专业队伍的策略。

7.1 小企业金融专业队伍建设

小企业金融要想快速发展，必须建立属于自己条线的专业队伍。这是由小企业金融业务的专业特点和事业部制的组织架构决定的。小企业业务“短小急频”，笔数多、户数多，财务信息不规范，如果由分支行的公司业务客户经理兼任小企业客户经理，且不配套专门的激励机制，其将本能地排斥小微业务，将主要精力用于公司业务的开拓和维护，小微客户的贷款需求就很难获得满足。此外，小微金融采取准事业部制和事业部制架构，自然要求建立从属于本事业部的专门的客户经理队伍、授信审查人员。

7.1.1 总体原则

商业银行小企业金融专业队伍的建设，要适合于小企业金融准事业部制组织架构和流程化、标准化、专业化的业务管理原则，要着力于构建“专门标准、单独选拔、专业培训、单独考核”的人力资源管理体系。

一是专业化。对于小企业人才队伍建设，首要原则就是专业化。小企业金融业务要求银行营销、授信人员要了解小企业的行业特征、经营管理特点，要掌握国际国内小微金融开展的有效技术方法和经验，比如单人单户分析技术、交叉验证技术等，要善于从小企业的实际生产经营出发，发现小微贷款中的风险点，要承担大量的贷前调查、贷中审查、贷后检查工作，这些都需要专门的人员具有专业的素质才能做好。因此，构建小微金融专业队伍，必须遵循专业化的原则，要选拔引入具有小企业主要行业经验的人才，要培训小企业生产经营的专业特征内容，要引导客户经理、风险经理、授信人员逐步成为某一行业的“专家”，成为小企业的“专家”，从而拓展其职业发展路径。

二是区别化。在招聘标准的制定、培训内容的选择、考核指标的设定等各方面要突出区别化，即区别于公司业务、零售业务的客户经理、授信审查人员的队伍建设。要单独设计有关标准，要根据小微金融的业务特点、工作特性，制定队伍建设的各项要求，不能照抄其他业务条线的现有资料，不能脱离于本行小微业务开展的已有经验。具体到小微金融事业部内，前中后台的人员培养也应体现区别化，要有不同的培养重点和培养计划，考核方面也是如此，要针对岗位要求设定差异化、差别化的考核方案。

7.1.2 岗位设置、职责及要求

1. 岗位设置

在小企业金融事业部，需进一步明晰前中后台的职责边界，在二级部下设置有关岗位。在前台，重点设置客户经理和风险经理岗位，两者均对授信申请企业进行贷前调查，只是调查的出发点和角度不同。客户经理在关注企业经营管理、财务情况、市场情况时把握其现金流情况，在此基础上提出授信方案，而风险经理重点从风险角度出发对客户进行贷前调查，主要指明企业存在的风险点，对授信方案的风险大小提出定性、定量判断，一笔贷款只有经过客户经理、风险经理“双签”同意后才能提交至中台授信审查审批人员处。中台设授信审查审批人员，主要采取专职审批人模式，由专职审批人对贷前调查报告和授信方案进行审查，凭借其专业知识，分析授信风险点，指明授信方案缺陷，对授信方案作出否决、同意或修改意见。后台设放款审核、信贷档案、贷后管理岗，放款审核岗负责审核授信企业的各项要件，确保合规后发放贷款，信贷档案岗负责信贷档案的搜集、整理、归类、保存、备查，贷后管理岗负责对授信企业进行定期、不定期的现场走访、非现场报告审查。

2. 主要岗位职责

客户经理是指“中心”内直接面向市场、为客户提供全方位金融服务的营销代表，客户经理担负以下工作职责：

（1）在国家金融法规、本行业务发展战略、风险政策等制度框架内细分市场，针对不同小企业客户特点适当开发客户关系，拓展本行业务。

（2）开展客户授信业务尽职调查，对授信业务调查结论和报告承担调查责任；对客户授信进行授信后管理，保证信贷资金良性循环，控制风险。

（3）密切关注合作客户动态变化，及时发现客户新的需求，做好后续服务和管理工作，及时满足客户合理需求；搜集客户信息，培育长期客户。

（4）按照相关业务流程做好客户相关资料的搜集、整理、分析、报告等基础性工作。

（5）协调行内关系，高效服务客户。

（6）不断提升业务技能和职业素养，坚持学习新知识、新技能，在业绩贡献增加的同时，保持知识更新的速度和质量。

风险经理岗位职责：

（1）负责与客户经理共同履行企业的实地尽职调查，负责实施银行信贷

业务的风险调查、风险评估、授信后风险管理。

(2) 负责组织开展客户评级日常工作，以及客户评级结果在业务操作及管理流程的应用落实。

(3) 对授信企业进行风险评价，独立、客观、公正完成企业风险评价报告。

授信审查人员岗位职责：

(1) 负责权限内的小微授信业务的审查和方案审核。

(2) 制定小微授信审查审批管理办法和操作流程。

(3) 制定小微业务授信评审标准，建立小微业务的评审体系。

(4) 负责信用评级技术修订和完善。

3. 岗位要求（以客户经理为例）

岗位胜任特征是根据客户经理岗的工作要求，确保该岗位的人员能够顺利完成该岗位工作的个人特征结构。具有更强的工作绩效预测性，能够更有效地为选拔、培训员工以及为员工的职业生涯规划、奖励、薪酬设计提供参考标准。

在对客户经理工作进行分析的基础上，总结出信贷客户经理岗位胜任特征包含以下内容（见表7－1）：

表7－1　客户经理岗位胜任特征

胜任特征	内容
自我形象	• 干净、整洁的良好形象
知识	• 相关金融、信贷工作经验 • 有相关的金融、财务知识和信贷知识
能力	• 语言表达能力（口头和书面） • 谈判能力 • 倾听能力 • 善于与他人互动 • 逻辑推理能力 • 分析识别能力
态度	• 责任感 • 工作主动性 • 工作积极性
特质和动机	• 情感非常稳定，相对做事手段，更注重做事结果 • 在完全或不确定信息下作出决策的能力 • 既喜欢挑战又注重现实

7.1.3 招聘培训

小企业金融服务的客户经理可采用面向全社会公开招聘的方式，通过组织校园专场招聘、报纸和网络持续发布消息等形式吸引应聘人员。通过筛选简历、笔试、情景测试、单独面试等环节对应聘者的沟通能力、发展潜力、语言表达、逻辑思维能力等综合素质进行全面考核，挑选真正适合小企业金融服务需要的从业人员。在招聘中，应充分参照小企业金融服务专业人员的胜任特征进行公正、公平、公开的选拔①。

培训方面，商业银行可从以下七方面建立小企业金融服务人员的培训体系：一是组织架构上，小企业金融部成立培训管理委员会，组建培训师团队，并外聘培训师。二是建立制度化和常态化的流程，定期举办产品、业务、营销技巧和职业道德等方面的培训，提高员工的专业水平和服务意识。三是抓好新入职员工培训，具体培训内容包括：金融、财务知识，信贷制度办法，流程规范，客户评价知识，信贷专业技术，贷款审查知识，贷后管理办法等。四是以岗代训，实行以老带新的“学徒制”，组织一对一或一对多的师徒式培训，提高员工的业务能力和专业操作技能。五是完善相关制度，对所有新聘员工建立《员工培训档案》，记录培训时间、培训内容、培训结果等，作为职级晋升，绩效考核的参考。六是定期外出考察小企业金融服务标杆银行，学习借鉴先进服务模式。七是派遣员工参加相关专业研讨会和座谈会，交流实践经验。

7.1.4 资格审定和等级管理

1. 资格审定

对于重要岗位如客户经理、风险经理，要对任职资格进行审查，符合审定标准的人员才具有任职资格。一般来说，资格审定结果决定于上年度对其的考核和业务技能考试结果。如客户经理在2年之内应参加一次业务技能考试。业务技能考试由小企业金融中心出题并统一组织，业务技能考试有效期可设定为2年。业绩暂未达到高一级客户经理标准的客户经理也可参加高一级客户经理资格考试，在成绩有效期内，业绩达到相应标准即可申请晋升高一级客户经理。2年内未通过相关考试或综合考核不合格者，按业绩标准对应的等级降一

---

① 李镇西：《小企业金融服务研究》，北京，中国金融出版社，2011。

级聘用。

2. 等级管理

重要岗位人员实施等级管理，不同等级人员在工资级别、授信授权、奖励补助方面有差异。

（1）客户经理等级分为助理、初级、中级、高级四级，不与行政序列挂钩。

（2）小企业金融中心应成立由经理层、考核负责人、客户经理部负责人及相关人员组成的客户经理等级资格评定小组，负责客户经理等级资格的初评工作。

（3）中级（含）以上客户经理的评定结果应结合其对助理、初级客户经理的培养质量等内容。

（4）等级可一年一定，实行动态管理，本年度的级别，决定于上年度对其的考核和业务技能考试结果。

等级管理既可以区别开不同水平、不同资格、不同贡献的同岗位人员，激发岗位人员提升业务经营管理水平的积极性，又可以拓宽专业人员的职业发展路径，打造技术性专业人员的职业发展序列，有利于完善个人职业发展规划。

7.2 小企业金融人员激励约束

7.2.1 薪酬激励

小企业金融的薪酬激励应与其岗位职责大小、履行效果紧密相关。以客户经理为例，可设定薪酬激励如下。

客户经理的薪酬收入由基本等级工资、绩效工资和福利补贴三部分构成。基本等级工资由中心在总行核定的工资总额范围内确定和调整，报总行备案；绩效工资与业绩贡献挂钩浮动，标准报总行核定后，由中心审核计发。

客户经理绩效工资与其该月有效新增贷款客户数及发放金额、维护的客户数量、指标完成率、贷款质量及在团队中承担的培训等各项工作的业绩挂钩。

转岗薪酬安排：行政等其他序列员工转为客户经理，自转岗次月起为期6个月内，可享受客户经理保护期。保护期内原岗位基本工资不变，绩效奖金按客户经理考核办法执行。保护期结束后，按本办法套定等级工资。客户经理转为行政或其他序列的，自转岗次月起，参照新转入序列同类人员的条件和标准重新确定职级。基本工资档次原则上从新确定职级的最低档开始套定，并可综合考虑历年的年度考核情况予以调整。绩效工资自转岗次月起，按新转入行政或其他序列的规定执行。

客户经理、团队经理绩效工资的发放可设定一个比例，如70%，其余30%延后一年支付，转入绩效工资池，如本人经手业务出现损失经责任认定应承担责任的，则扣减补偿责任金额，如到期资产均按期收回则额外给予一定奖励。

7.2.2 考核体系

1. 考核主体及原则

考核主体可由小企业金融部绩效考核组构成，考核对象包括各岗位人员，考核原则包括以下四方面：

一是比例控制、规模考核，实行费用挂钩分配。强调规模（包括贷款户数、笔数、贷款余额、存款余额等）考核，划定规模基准线，针对不同规模范围设定绩效费用兑现比例。根据客户经理的月度、季度发放的贷款规模，定期按比例兑现绩效费用，对客户经理给予激励。

二是分类管理、量化考核，绩效薪酬计价兑现。针对小企业金融部工作具体分类成营销类、审批类、风险类，分类整理，下达具体任务指标，指标包括定性定量两部分，以定量为主。薪酬激励包括固定工资、绩效工资、补助三部分，固定工资按月发放，绩效工资实施月度预兑，季度后根据实际考核分数进行总兑现。整个绩效薪酬实施计价兑现。

三是明确任务、奖惩并重，实行目标责任管理。在绩效考核中，既要明确奖励内容，也要强调惩罚措施，讲究奖惩并重。通过细化分解小企业金融业务目标，下达考核办法，明确部门、人员考核指标，使得目标责任明确到中心、小组、岗位和人身上，激发员工全面完成考核任务的积极性。

四是明确职级、以级定档，理顺员工发展通道。在考核办法中，要明确岗位职级序列，根据岗位员工资历和能力情况确定员工的岗位职级、档别，同时对不同岗位员工设置多序列的职业发展通道，促进员工全面复合发展。例如，针对客户经理，既可以走从助理客户经理到初级、中级、高级客户经理的营销序列的发展通道，也可以走从前台营销到中后台授信审批、风险管理的跨序列的职业发展通道，还可以走从一线营销到营销管理的职业发展通道。

2. 主要指标、权重设置（以客户经理为例）

针对客户经理，中心每年初根据中心业务指标、同业水平等指标综合确定本年度客户经理最低业绩标准及各级客户经理的业绩标准，年度内对客户经理的目标增量、新增有效客户、合规管理、综合素质表现进行考核。

（1）客户经理考核指标体系由业绩指标（80%）与综合管理指标（20%）两部分组成。综合管理指标是通过统一的综合管理体系，将个人业绩与中心整体的经营发展和中心要求的日常管理制度有机的联系起来，达到过程控制、结果测评的效果。

（2）客户经理、团队经理如果连续两个季度考核结果均低于下限相应级别标准并排名后两名，给予亮黄牌，如一个年度不达标，则按调整级别处理。

（3）对于连续两个考核期内平均综合得分排名前5%或后5%的客户经理和团队经理，中心有权酌情进一步给予一定奖励或诫勉。

（4）针对部分从其他岗位调整到市场营销岗位的人员以及从外部调入的客户经理和新入行的应届毕业生，原则上可给予一定期限的保护期（如6个月），6个月后按客户经理标准进行考核。

（5）对获得相关部门和媒体表扬的优秀客户经理及团队将给予奖励，对为中心造成不良影响或损失的行为将给予处罚，即奖罚明晰。

（6）设置客户经理退出底线，即如果客户经理出现以下情况：连续多个月达不到客户经理最低业绩考核标准的；主要由于个人原因，发生重大业务差错，造成资金和信誉损失的；工作中出现违法和重大违纪行为的；不适应从事客户经理工作的，可不再聘任为客户经理。

3. 具体案例

对小企业金融服务部员工实施绩效考核，根据不同的岗位性质和类别，确定不同的考核侧重点，制定和实施不同的考核办法，考核结果直接体现在绩效工资的分配上。

例如，某家商业银行对小企业金融服务部客户经理采取如下考核。

在客户经理的具体业绩考核指标上设置以下指标：发放贷款笔数、发放贷款金额、贷款利率、维护客户数量、在团队中承担的培训、贷款质量、存贷比率等。另外，在业绩考核的同时，进行综合考核作为补充。综合考核侧重于客户经理的日常工作考核、团队合作、培训情况及其他加分项和减分项。客户经理综合考核结果与客户经理岗位工资的30%挂钩。考核结果与客户经理晋升、评先评优、季度奖、年终奖挂钩。

客户经理的绩效考核计算公式：

$\sum(J\times L\times X1\times X7)+\sum(J\times L\times X2)+\sum(E\times X3\times X7)+S\times X4+P\times X6-Y+D+W$

其中，J：贷款金额折算笔数系数；L：贷款利率折算笔数系数；$X1$：新增客户每笔贷款绩效标准；$X2$：存量客户每笔贷款绩效标准；E：单笔贷款金额；$X3$：贷款金额绩效标准；$X7$：营销折算系数；S：维护的存量客户折算户数；$X4$：存量客户维护绩效标准；Y：逾期贷款扣款；P：按计划培训新客户经理的数量；$X6$：培训客户经理绩效标准；D：存贷款比率（日均存款/日均贷款）奖罚；W：完成任务奖罚。

业务主管的绩效考核计算公式：

$$\sum Q/N\times Z\times B$$

其中，Q：团队每个客户经理的绩效；N：团队转正的客户经理数量；Z：岗位层级折算系数；B：综合考核得分比例。

岗位层级折算系数：

岗位名称	岗位折算系数
总部业务主管	1.3
区域分中心主管	1.2

综合考核得分比例（见表7-2）：

表7-2　综合考核项目、内容、分值比例

考核项目	考核分值		考核内容	计分规则
业绩指标	70	60	当年贷款累计金额	按月度指标确定，$S=A/P\times60$，上不封顶
		10	当年新增有效客户数指标的完成情况	按月度指标确定，$S=A/P\times10$，上不封顶
综合管理指标	30		日常工作考核、团队合作、培训情况及其他加分项和减分项	

对风险经理的绩效考核指标包括发放贷款笔数、发放贷款金额、贷款利率、维护客户数量、在团队中承担的培训、贷款质量、存贷比率等。

对授信审查专员的绩效考核指标包括受理审核贷款的笔数、在团队中承担的培训、贷款质量。

计算公式：$S \times C1 + D \times C2 + P \times C3 - Y$

其中，S：审查专员审核通过的贷款笔数；$C1$：审核发放贷款的绩效标准；D：审查专员审核未通过的贷款笔数；$C2$：审核未通过贷款的绩效标准；P：按计划培训新授信审查专员的数量；$C3$：培训授信审查专员的绩效标准；Y：逾期贷款扣款。

8

中小银行小企业金融的客户管理研究

客户管理，亦即客户关系管理（Customer Relationship Management，CRM）的简称。CRM 是通过对客户详细资料的深入分析，来提高客户满意程度，从而提高企业竞争力的一种手段。客户关系管理的基础是围绕客户生命周期发生、发展的信息归集。客户关系管理的核心是客户价值管理，通过“一对一”营销原则，满足不同价值客户的个性化需求，提高客户忠诚度和保有率，实现客户价值持续贡献，从而全面提升企业盈利能力。

此外，客户关系管理（CRM）又是一种旨在改善企业与客户之间关系的新型管理机制，它实施于企业的市场营销、销售、服务与技术支持等与客户相关的领域，要求企业从“以产品为中心”的模式向“以客户为中心”的模式转移，也就是说，企业关注的焦点应从内部运作转移到客户关系上来。从技术层面来说，客户关系管理（CRM）也是一种管理软件和技术，它将最佳的商业实践与数据挖掘、数据仓库、一对一营销、销售自动化，以及其他信息技术紧密结合在一起，为企业的销售、客户服务和决策支持等领域提供了一个业务自动化的解决方案，使企业有了一个基于电子商务的面对客户的前沿，从而顺利实现由传统企业模式到以电子商务为基础的现代企业模式的转化。

本章重点分析了小企业金融客户管理的四个方面：目标客户确定、差异化客户服务、全流程客户服务、客户及公共关系管理，指出了中小银行发展小企业金融在客户管理方面的着力点，提出了一种特色化的客户关系构建，即信义关系。

8.1　目标客户确定

目标客户的确定是客户关系维护的首要条件。目标客户的确定是市场定位确立的重要体现。在选择目标客户时，要基于对自身核心服务能力的认识，要了解自己的主要优势，继而根据自己的服务优势确定重点关注的行业，在此基础上明确目标客户。

8.1.1　行业定位

中小银行的小企业金融业务的市场定位要清晰划定本行小企业金融服务的目标行业群体，在此基础上，进一步明确传统行业中需重点关注的行业和新兴行业中需重点关注的行业，进一步明确某一目标行业下的二级子行业。

一是清晰划定小企业金融服务的目标行业群体。在分析本行既有的行业服务经验和优势的基础上，结合商业银行所属区域的产业结构特点，选定优势行业作为目标范围。在此过程中，应体现内部能力与外部环境的统一，即既要充分评估各行业未来发展的潜力、增速和目前规模容量，以确定未来区域发展的核心行业群体，又要从商业银行的实际能力出发，要利用 CRM 系统提取分析现有客户的分行业占比、贡献数据，确定哪些行业是对本行贡献最大的，明确哪些行业是本行服务经验最丰富、服务能力最强的，两项综合，共同分析，最终确定本行的目标行业群体。具体分析方法示例如下。

第一步，根据本区域产业数据确定本区域的优势行业。例如将行业规模、行业增速作为两个维度，画成横纵轴，其中行业规模可用行业增加值占比代替，行业增速选定最近三年平均增速，根据各行业的数据，标示出其位置。商业银行可设定一定的行业规模和增速标准，在图中画出一条直线，将处于直线右上方位置的行业选出，作为未来本区域发展的优势行业（见图 8－1）。

第二步，根据本行的小微金融业务历史数据，分析现有客户的行业分布、各行业收入贡献大小，确定哪些行业是对本行贡献最大的，作为下一步资源配置的重要方向。另外，也可以从本行的小微金融不良贷款率的行业分布现状中，分析出本行已了解掌握的行业风险规律，以及针对哪些行业的风险管控经验最丰富。结合此两方面，利用图示法，可优选出：基于本行现有能力的目标行业（见图 8－2）。在具体指标选取方面，对行业贡献的评判指标如果条件具

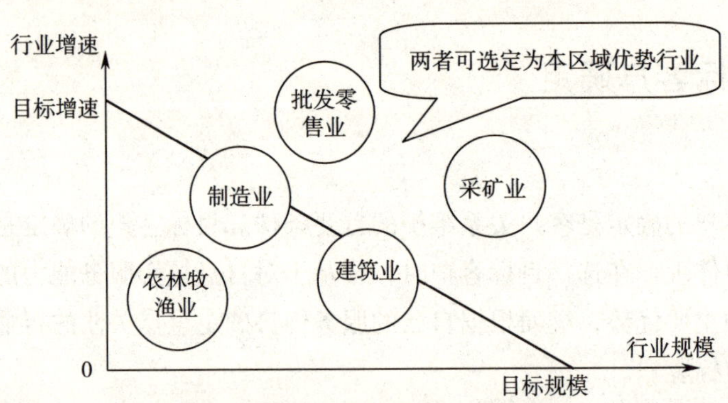

图 8-1 确定本区域优势行业

备的话可选用行业贷款综合贡献度，行业贷款综合贡献度可根据贷款利率、中间业务收入、日均存款上存收益等指标加权计算得出，如果条件不具备，则可用各行业贷款利率简单评判该行业的贡献度，风险类指标则简单用行业不良贷款率替代。将两指标设定成横纵轴，横轴设为行业贷款综合贡献度，纵轴设为行业不良贷款率，利用散点图标示各行业位置，再设定本行小企业贷款的目标贡献度和目标不良贷款率，画成横纵线标识，最后将处于横纵线交叉点右下方的行业选定为基于本行历史数据选定的优势行业（见图 8-2）。

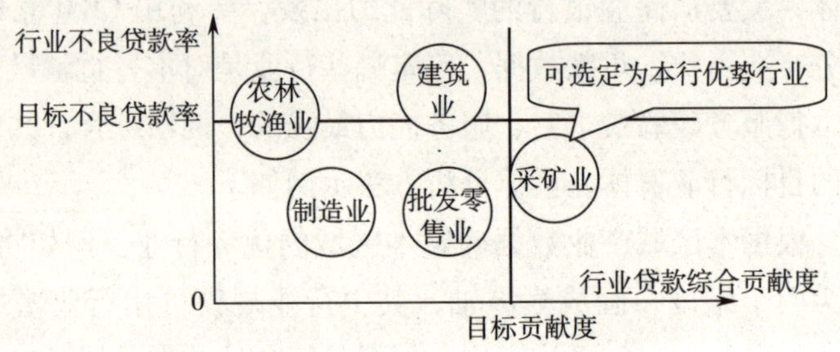

图 8-2 基于本行数据确定优势行业

第三步，根据前两步分析得出的优势行业次序，综合比较，全面分析，最终确定适合本行小微金融业务发展重点的行业优先次序，作为行业定位的核心内容。在此过程中，需要全行提前确定选择目标行业的核心偏好，即是主要根据外在机会决定的行业次序来确定目标行业，还是主要根据内部数据决定的行业次序来确定行业，以便在前两个维度分析得出的行业优先次序存在矛盾冲突的情况下，可根据偏好作出最终判断。

二是进一步明确传统产业中需重点关注的行业和新兴产业中需重点关注的

行业。可将初选的目标行业的属性进一步区分为传统行业和新兴行业，以更好地针对目标行业设计专门的服务方案。这是因为商业银行小企业金融给予传统行业和新兴行业的重视程度和资源配置比例应是不一样的。传统行业体量大，经营稳定，有较好的市场，但未来增速会逐步下降。新兴行业尽管目前规模较小，市场空间不大，资金投入大，但受政策支持，未来市场空间较大，发展前景较好，社会效益也较好，如果不进一步区分目标行业的属性，很有可能导致小微金融业务在传统产业、新兴产业的资源配比不协调，不利于未来贷款结构的优化。

三是进一步明确某一目标行业下的二级子行业。一般来说，多数商业银行在确定目标行业时仅限于一级行业层面，但是，为了更好地指导小微金融业务的针对性营销，有必要在目标一级行业下进一步细分二级子行业，例如，在采矿业下进一步区分黑色金属采选业、有色金属采选业、非金属采选业、其他矿采选业等，在批发零售业下进一步区分百货业、超市业、家电连锁、专业店业等。在二级子行业中确定目标子行业，以提高行业指导的针对性和有效性。

8.1.2 目标客户定位

微观层面，要根据行业指导确定的目标行业，进一步定位目标客户，拿出名单，使得基层小微业务客户经理团队在营销时能够准确到位，更加具有针对性，避免“扫街营销”，减少寻找客户的时间成本和经济成本。在定位目标客户时应重点依循以下步骤，以下步骤按照优先顺序排列。

第一，在目标行业范围内寻找本区域的核心企业，作为目标客户重点候选。在具体某一目标行业内，根据营业收入、资产规模、利润情况、行业影响力、同业排名等因素，甄别优选优质企业客户。在此层面，可以构建一个打分模型，打分项目包括营业收入、资产规模、利润情况、行业影响力等，指标基准值和指标权重可根据不同行业进行分别设计。通常，本区域某一细分行业的核心企业多数具有较强影响力，较容易鉴别出来。这些核心企业遴选出来后，可列入目标客户重点候选名单。

第二，围绕核心企业上下游寻找具有较强性的小企业，作为候选。针对核心企业，开展初步调查、合作洽谈，获取其上下游小企业客户名单，作为候选。在此层面，既可以从产业链出发寻找候选企业，如产业上游原材料生产企业、生产配套企业、技术支持服务企业、相关产业合作企业，也可以从供应链角度出发寻找候选企业，如供应商、批发商、代理商、零售商、仓储企业、物流企业，总之，从多角度、多方面获取与核心企业紧密相关的小企业，作为商业银行小微金融业务的目标客户候选。

第三，围绕目标行业的本行已授信客户，搜索寻找相关的小微客户。从信贷管理系统中，分行业提取相关数据，从中遴选出处于目标行业范围内的已授信企业客户，与其开展合作，要求提供与之相关联的小微客户名单，作为下一步开展营销的目标客户候选。

第四，与行业商会合作，由行业商会出推荐名单。根据目标行业，寻找本地已有的行业商会。与其洽谈，开展合作，由其提供属于商会范围内的较优的小企业或者商会范围外的较优企业，作为候选。

第五，与产业园区、税务部门合作，搜索客户名单。就目标行业，寻找相关的产业园区，与其合作，获取产业园区管委会提供的小企业名单以及对企业资质的评判筛选；另一方面，从本区域国税、地税部门处获取关于本区域某一特定目标行业内小微客户名单，开展逐个营销。

8.2 差异化客户服务

8.2.1 客户需求分析

1. 客户需求信息获取

一般来说，客户需求信息应通过客户经理与客户的多次接触而获取，获取的方式应多样，获取的信息应多方面，以便为后期的产品设计、全程服务提供依据。客户经理与客户初次接触时，需要和客户进行深入洽谈，了解客户当前最急迫、最主要的金融服务需求，相应地设计服务方案。同时，客户经理应充分展现本行小微金融业务的特色和优势，主动介绍适合于该企业客户的特色产品，例如投行类业务、卡类业务等，主动营销，激发客户潜在需求。

在开展集群化营销时，客户经理团队应加强与核心企业、市场、商圈、商会的沟通，了解主要需求和普遍需求，在此基础上，再与单个客户接触，了解其个性化需求。在分析客户需求、设计产品和服务方案时应尽量适合于集群内的绝大多数企业、商户，应尽量标准化、统一化，以便开展批量营销时更加便捷、高效。在服务要素的选择上，要充分考虑核心企业、市场、商圈、商会的要求，征询其意见。

业务开展后，小企业金融服务中心应为每一个客户建立客户档案，储存客户和业务的基本信息，一方面作为客户管理、业务管理的基本资料，另一方面，可将具有良好业务记录和具有潜在业务交易可能性的客户作为业务资源和客户资源加以管理，便于后期营销。

同时，商业银行要完善对公客户营销系统管理，定期查看客户经理维护工作日志，及时更新、整合客户信息，形成一条连续不断的客户信息链，从中分析客户的潜在需求。

2. 客户分层、分类、分析

客户“三分”，即对客户的分析、分类和分层，是构建以客户为中心的小企业金融服务的基础和前提。只有将不同类型的客户在全面分析的基础上进行分层、分类管理，才有可能确保小微金融业务在客户拓展方向上有清晰的定位，减少盲目性；才有可能系统地、有针对性地确定小企业金融业务发展的方向和实施的路径，并根据小企业客户的特点，设计、完善适合小企业金融服务需求的组织架构和体制机制。

开展小微客户的“分层、分类、分析”工作，实质上就是对客户全貌的一个全面梳理。这项工作除对现有客户总体规模、分类数量、行业特点、区域分布等进行静态分析外，还要寻找潜在的目标客户，并从不同行业客户的生命周期、银企关系变化等动态信息中进行深入分析，进一步明确具体营销的客户和客户拓展的重点，比如某类客户是处于获取阶段、提升阶段，还是维护或退出阶段。如果是提升阶段，就要研究如何加强交叉销售，如何将它的上下游客户作为下一步拓展的对象。做好客户“三分”工作重点要抓好三件事：

一是要尽快提高客户信息质量。准确的信息是客户关系管理的基础。要建立客户信息获取渠道和维护机制，充分运用CRM系统客户维护这个环节，将客户信息进行全面梳理；通过客户经理、网点柜面、客服电话等多渠道拓宽信息获取的广度和信息挖掘的深度。

二是要加强客户行为信息的分析。要充分运用好CRM系统，在客户细分的基础上对各类客户的经营行为、满意度进行综合分析，将丰富的客户信息运用到营销和服务中去。

三是要做好中心层面客户的“三分”工作。小企业金融服务分中心要因地制宜细化区域内的客户信息，明确哪些是重点客户、潜在客户在哪里、不同关系的客户如何分类维护等。此外，小企业金融部要与公司部、个金部等其他条线部门紧密配合，把对公、对私和小企业不同条线以及不同区域客户信息加以整合，实现客户信息的共享，有效促进跨条线、跨区域的联动发展，协同作业。

8.2.2 针对不同客户定制差异化、个性化服务方案

在丰富客户信息内容、分析客户全貌的基础上，按照客户的规模、行业、生命周期、风险特征、贡献度等多个维度进行客户细分，进行分层分类管理，明确差异化的合作方案，实施差异化的市场拓展与服务策略。

一是针对不同类型、不同阶段客户要明确差异化的合作方案。首先，在合作方案的选择上，要区分核心企业与非核心企业，与核心企业的合作要突出强调上下游客户导入，要强调合作方案对集群的适应性，而与非核心企业的合作，要突出合作方案的特色性，即方案要素要适应单个企业的特点。其次，要根据客户发展阶段，区分合作的广度。对于发展较成熟的客户，合作范围应延展，合作方式可包括融资授信、信息咨询、财务顾问、现金管理等多方面，而对于发展阶段处于初创期、成长期的小企业，则主要通过基础性的融资授信的方式进行合作。最后，对于他行已授信的客户和他行未授信的客户，合作深度也应有所区别。对于他行已授信的客户，后进银行应更多采用追随开发策略，合作时更多地突出本行的特色和优势，如果他行先发优势很明显且固化、后进银行很难有大进展时，可适时转移开发重点，而对于他行未授信的客户，可通过多次合作的方式加大合作力度，加深银企关系，争取成为该企业的主办银行。

二是针对不同类型、不同阶段的客户要采取差异化的经营策略，建立不同客户的动态评价模式。银行与客户合作是一个逐步深入的过程，分为导入、培育、成熟甚至退出等不同阶段。要区分不同阶段与客户的关系，为其提供相应的产品和服务。小微金融服务的客户经营策略要强调客户数量扩张和客户深度挖掘两手抓、两手都要硬。一手就是要不断增加客户的数量，通过与核心企业、商会、市场等合作，批量导入上下游小企业、商会小企业、市场商户等，扩大覆盖范围，实现集群营销；另一手就是深挖客户需求，强化现金流管理，提高对单个客户的监测力度。强力推动授信企业现金流归集，加强交叉销售，其核心是做到三个确保：确保销售收入归行率与融资占比相匹配，要求与本行建立信贷关系的客户，在本行的日均资金结算量不得低于一定比例（如其在本行融资份额的占比）；确保销售回款频次和金额与经营结算周期相匹配，结

合企业经营模式、销售特点、结算周期确定销售回款量；确保销售回款方式与资金结算工具相匹配，通过资金结算产品的组合运用，灵活管理销售回款。

三是实施名单制管理，一户一策制定营销策略和服务方案，实现交叉营销，提高传统业务和结构性融资等产品的份额。充分利用本行小企业金融业务的资源、产品、服务优势，为客户提供“一揽子”服务方案，将服务延伸到结算、贷款、理财、财务顾问、国际业务、电子银行等领域，由客户自主选择，使综合营销更为“人性化”，更为客户所接受。

8.3　全流程客户服务

小微金融服务要强化全流程服务，要实现从接触客户到初次合作，再到多次合作，最后到银企关系紧密的全过程管理，强调全过程的服务质量的高标准、严要求，提升客户的满意度和忠诚度。

客户服务的全流程服务大致包括：从第一次见面，填写客户需求问卷调查，到第二次见面，再到合作资料提供、交叉销售、争取客户转介绍、银企联谊业务研讨、定期走访客户等（见图8－3）。通常，这些环节是小企业信贷的通行环节，通过这些与客户接触的环节，可以更加了解客户，可以增进与客户间的关系。这些环节共同组合成一个循环，小企业客户经理要把握好循环中的

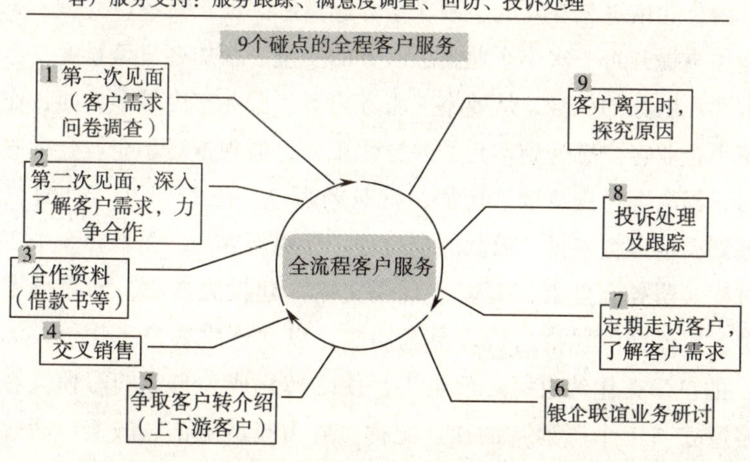

图8－3　全流程客户服务的主要环节

各碰点机会，提升每次与客户接触的服务效果，从而使整个流程中的客户满意度得以提高。

在此基础上，要完善客户服务的支持措施，包括服务跟踪、满意度调查、回访、投诉处理等。比如，定期对已授信客户开展满意度调查，了解掌握客户对客户经理服务的反馈，同时也能借助此机会进一步了解客户潜在需求。再如，建立定期回访制度，要求贷后管理团队每一周回访一定数目的客户。另外，建立通畅的投诉机制，允许客户直接向小企业金融服务部负责人投诉，公布投诉途径，要求相关人员针对客户投诉事件限时作出解释和反馈，减少客户的不满意。

8.4 客户及公共关系维护

8.4.1 多次服务，贴心服务，固化增进客户关系

一是通过多次“关系型融资”加强对客户的了解，增进与客户关系。小企业客户的金融服务需求主要集中在融资服务，其融资需求具有“短小急频”的特点，融资次数较多，因此，客户经理可对已融资客户进行紧密跟踪和联系，长期了解其经营管理情况，对部分还款及时、质量较好的客户可以多次提供融资，固化和增进相互间的关系，培养起良好的银企关系。

二是注重提升每一次小企业金融服务的质量，增加客户满意度。抓住每一次为小微客户服务的机会，从效率、服务内容、服务态度等多方面，作出本行特色，使小企业客户感受到本行的差异化服务，展现本行小企业金融服务的核心竞争力，提高客户满意度。比如，针对老客户，在2~3个工作日内完成从申请受理到授信审查审批、放款的全过程，针对新客户，争取在5个工作日内完成全过程。服务态度上，要以“合规文化”建设为核心，加强员工道德培养与教育。以严谨的风格来管理员工团队，以“不吃客户一顿饭，不拿客户一分钱”的自律文化约束每一位员工，使之转化成为自觉的习惯。客户经理必须严格遵守“十个严禁”的从业纪律，着力打造廉洁、诚实、高效的工作团队。

三是可从现有客户经理中选拔工作能力强、业务知识全、服务意识好的业

务骨干组成小企业金融顾问人才库，采取面对面，一对一的营销和服务方式，介绍本行信贷政策和金融产品，要求金融顾问强化责任意识，确保每月深入目标客户三次以上，根据企业在金融业务方面的不同需要、自身风险承受能力和信贷条件，提供融资服务，帮助设计最经济、最有效的金融方案，形成与小企业共谋发展、互利双赢的格局。

四是强化综合服务，通过多个产品、多种服务，增强客户对商业银行的黏度。随着小企业不断发展壮大，金融服务需求日趋多元化，这就需要商业银行小企业金融不仅要提供传统的融资服务，还要进一步提供财务咨询、现金管理、资产管理、投资银行等金融产品和服务，为小企业提供一条龙、一站式、全方位的服务，使得客户和本行的关系黏度进一步强化。

8.4.2 特色化客户关系构建：信义关系

信贷以客户信用为基础。在当前越来越多的商业银行过于注重物质信用，即过分强调抵押担保的背景下，部分银行开始重新审视银企间的信任约束关系，强调培养以信义关系为核心的新型银企关系，为破解小企业因“抵质押品少、资产规模小”而融资难的问题提供了新的视角。

“信义”一词最早出自于儒家学说“仁义礼智信”，“信”指的是人们要按照礼的规定互守信用，意为诚实，讲信用，不虚伪。儒家把“信”作为修身正己、立国、治国的根本。“义”是一种含义极广的道德范畴，指公正、合理而应当做的。“义”为儒家最高的道德标准之一。儒家把“义”与“仁”“礼”“智”“信”合在一起，称为“五常”。儒家认为“信义”是做人做事的重要准则，若有违背，将很难立足。

法律意义上认为，“信义关系”的实质是指特定当事人之间的一种不对等的法律关系，即受信人处于一种相对优势地位，受益人处于一种相对弱势地位，被动接受受信人行为的法律后果。信托法上的委托人与受托人关系是信义关系最典型的形态。

在银企关系中，信义关系突出表现为：商业银行不应该把担保作为判断客户负债偿还能力的主要因素，仅作为偿还贷款的辅助手段。针对不同客户可以采用多种、灵活的担保方式，对额度很小的贷款或信用记录很好的客户，可以不要求客户提供担保。这一点正好迎合小企业普遍缺少抵质押品的现实，从而突破小企业金融中的“瓶颈”问题，有利于小微业务的快速扩张。

商业银行在开展小企业金融中应着力构建信贷员与客户间的伙伴关系。小微金融的信贷员应与客户多次接触和交往，一方面，增强对客户的了解，另一方面，拉近与客户间的关系。在整个业务过程中，信贷员和客户之间要建立“伙伴式”的合作关系，保持与客户的联系，关注客户的经营情况、发展变化和业务需求，设身处地为客户着想，在担保方案的设计、利率的设定、中间费用的收取等方面尽可能考虑客户的承受度，赢得客户的信赖，从而提高客户对本行的忠诚度，争取使本行成为客户的主办银行。

信用激励，促进信贷履约和合作共赢。商业银行小企业信贷应建立针对新老客户的差别化授信激励，对具有良好信用记录的老客户可在授信额度、利率、存款、中间业务费用等方面予以区别对待，通过此种办法，既可以激励授信客户按时足额偿还贷款本息，确保信贷履约，又可以进一步固化和增进银企关系，努力促进双方的长期合作关系。

8.4.3 公共关系维护

公共关系维护是商业银行小企业金融服务打造品牌、扩大影响的重要策略，也是小企业金融实现客户量迅速增加、客户影响迅速提升的重要方法。一般来说，公共关系维护包括政府关系维护、媒体关系维护等。商业银行小企业金融的公共关系维护应着力做好以下几方面工作：

一是在网络、广播电视定期公布小企业金融服务信息，设计制作宣传手册，加大推广该行小企业品牌的广度与深度。在网站设置小企业服务专题，为金融机构、融资中介机构和企业之间业务对接和信息交流提供实用、直接、便利的网上服务。具体功能包括政策发布、融资产品推介与展示、融资需求发布与检索、网上融资辅导与培训、银企需求调查与反馈等。

二是定期组织举办小企业融资座谈会。通过会议组织，尽可能宣传本行的授信政策、小企业金融特色产品、服务优势等，进一步提升中小企业对本行小企业金融服务的响应度，同时，了解小企业客户的金融服务需求，从客户处获知同业小企业金融产品、服务的核心竞争力，与本行产品相比较，相应作出改进举措，从而使得本行小企业金融产品更加贴近客户需求。

三是加强金融服务信息交流。可同省市金融办、中小企业局牵头，定期组织针对小企业的培训交流。通过与中小企业面对面地交流，现场解决中小企业融资过程中亟待解决的问题、邀请专家就当前中小企业经营发展中的热点问题、国家宏观调控对小企业客户的影响与对策等中小企业普遍关注的问题进行解读，以此进一步宣传、普及、提升本行小企业金融服务品牌的影响力。

四是建立俱乐部和长期合作伙伴关系。建立授信客户的俱乐部，定期组织企业家聚会，增进相互了解，拉近双方关系。可尝试建立合作社等形式聚集同类型、同区域的小企业，建立定期信息交流机制，加强集群、产业链、供应链内相关企业的联系，在一定条件下建立互助担保基金，通过合作形成助力，助推小企业成员间的商业合作和信贷资金获取。在此方面，民生银行 2012 年主导设立的城市商业合作社是典型案例。民生银行将城市商业合作社视为服务小企业的新抓手，2012 年拟设立多达 2 000 家的小企业城市商业合作社，以此助推小微金融服务水平的提升。城市商业合作社作为非社团、非法人、非盈利、非公益的机构，目的在于结合政府、商会等组织，将小企业组成经济体来抱团发展、抵御风险。民生银行的合作社模式力求整合多个商会、商圈中的优质企业，继而与成员企业建立起日常沟通机制，以解决信息不对称问题。而基于合作社模式，成员企业不仅能更为便利的获得贷款，还能获得民生银行提供的其他金融及非金融服务。

9

中小银行小企业金融的产品体系研究

商业银行小企业金融的核心竞争力在于专业化，而专业化的重要方面在于产品的专业化。小企业金融产品的核心要素既要区别于大中企业业务，也应区别于零售类业务。以专业化为导向，配置专门人员团队，鼓励其充分了解客户需求，而后开展针对性的产品设计，应是中小银行小企业金融发展的重要策略。

构建小企业金融产品体系，要注重多维度、多方向、多重点的框架搭建，即小企业金融产品的核心要素应多元化。可从信用主体维度出发，区分小企业的法人信用和企业主的自然人信用，有针对性地设计适合产品；可从行业分类出发，区分小企业所处的主要行业，比如批发零售业、制造业，有针对性地设计适合该行业的小微金融产品（存货融资、发票融资、订单合同融资等）；可从渠道出发，区分传统客户经理渠道和电子网络渠道，相应设计专门产品。此外，要逐步搭建综合化的小微金融服务体系，满足小微客户日益综合化、复杂化的金融服务需求。

商业银行在构建小企业金融的产品体系时，要明确本行产品体系围绕的核心需求和具有的突出特点，以形成本行特色和核心竞争力，如担保方式多样化、符合小企业集群发展特性、或者适合于小企业所处发展周期阶段等，从而确保本行小企业金融产品在同业竞争中具有鲜明特点和良好的辨识度。而此项工作的基础在于明确市场定位。

基于以上逻辑，本章探讨了小企业金融产品体系的总体框架，分析了小企业金融产品体系应具备的核心特点，最后以民生银行“商贷通”和华夏银行“龙舟计划”作为小企业金融产品的典型案例分析了其特色。

9.1 小企业金融产品体系总体框架

在构建小企业金融产品体系时，要突出多维度、多方向、多重点。这是基于小企业数量多、分布广、情况差异大的现实情况，也是基于小微金融业务介于公司业务和零售业务两者之间且同时融合两大类业务特点的特殊背景。因此，小企业金融产品体系的构建，既要沿用传统大中企业业务普遍运用的行业专业化产品设计思路，也要适当借用零售业务依托自然人信用设计产品的思路，也要迎合未来电子网络信贷发展的大趋势，还要适合于小企业发展到一定阶段后金融服务需求从简单到复杂的演变规律。

因此，本文认为，当前，商业银行小企业金融产品体系可重点突出四大类产品：以企业主为信用基础的产品、以行业为市场基础的专业产品、以电子网络为渠道基础的信贷产品和综合化金融服务产品。

9.1.1 以企业主为信用基础的产品

以企业主为信用基础是小企业信贷区别于传统大中企业业务、类似于零售类业务的突出特点。其所以小微贷款依托企业主自然人信用而不是企业法人信用开展，这是与当前我国小企业发展的一个普遍现象相适应的，即小企业多数是私人企业，小企业主的自然人财务和小企业的法人财务相互重叠，很难明确清晰分割，小企业主习惯于将企业资金视为个人资产，也会以个人信用借贷资金用于企业发展。因此，商业银行选择以企业主信用为基础，设计产品，开展小企业信贷行为，既有利于防范小企业法人的信贷资金被挪用、财务不清晰、现金流不明确等问题，又能规避传统大中企业授信调查中复杂的财务报表审查环节，解决小企业普遍存在的财务报表不真实或者缺失的问题。这是近几年来小微信贷发展的创新性做法。目前，小企业金融中以个人信用为基础设计的专门产品主要包括两类：个人经营性贷款和企业主专属融资信用卡。

1. 个人经营性贷款

个人经营性贷款是指为支持个体和私营经济的发展，以借款人本人或第三人所有的、符合银行规定的房产为抵押物，或符合银行规定的存单为质押物，向借款人发放的用于生产和经营活动中临时性、季节性等流动资金周转以及购置、安装和修理小型设备以及装潢经营场所所需的贷款。个人经营性贷款的主要对象是中小企业主。

从本质上讲，个人经营性贷款是一种零售类贷款，商业银行在调查、审查、发放、贷后管理中遵循的是零售贷款的路线和要素。如贷款担保主要是企业主或相关人的个人资产如房产、存单的抵质押。贷款审查中主要关注企业主个人信用、资产状况和抵质押物的登记备案到位情况，而不是传统公司类贷款中法人财务状况。贷款流程主要走个贷模式，所需资料主要是企业主的个人资料，不需企业财务报表等法人资料，也不需多次调查走访企业，流程大大简化。但是，个人经营性贷款区别于一般性个人贷款的地方主要是：个人经营性贷款规定了贷款资金只能使用于经营性、生产性用途，即企业主只能将资金用于企业流动资金周转、设备购买、厂房建设等方面，不能用于消费。

正是由于个人经营性贷款走的是零售贷款模式和流程，用途却主要是法人生产经营性用途，才形成了此类贷款的特色优势和独特客户定位，即此类贷款相较于企业法人贷款，程序流程简单，担保方式简单，效率高，在小企业主中非常受欢迎。

目前，多数银行均已推出专门针对小企业主的个人经营性贷款产品，比如中国工商银行、招商银行的个人经营性贷款、民生银行的“商贷通”、交通银行的“展业宝”、兴业银行的“金芝麻”、中国农业银行的“贷捷通”、平安银行的“经营贷”“创业宝”、宁波银行的“贷易融”，等，其中影响较大的是民生银行的“商贷通”。

2. 企业主专属融资信用卡

企业主专属融资信用卡是另外一种以企业主信用为基础的小企业金融产品。商业银行针对一些达到本行设定的个人资产标准的优质企业主，发放专属融资信用卡，给予循环授信，满足企业主快捷融资的需求，间接服务于企业主拥有的小企业。

企业主专属融资信用卡的功能与一般性信用卡类似，但其划定目标客户群，即主要是小企业的企业主，且专门设定企业主个人资产标准等指标作为门槛。虽然这种产品属于信用卡类产品，但实质上是一种小企业信贷产品。目前，多家银行推出了此种企业主专属融资信用卡。例如，为满足浙商对快捷融资和投资理财的需求，招商银行杭州分行在浙江推出“浙江诚商信用卡”和“金葵花—浙江生意通卡”。这是专为浙江商人量身定做的两款区域性创新产品。

“浙江诚商信用卡”目标持卡人为浙江企业的业主、股东，高级和中级管理人员和中高端个体工商业者。持卡时间超过6个月并有正常还款记录的持卡人，可通过招商银行积累个人信用申请小额资金周转。“金葵花—浙江生意通卡”则捆绑了自助循环授信贷款功能，最大特点是“随借随还”，借助招商银行网上银行或电话银行，可实现“自动提前还款”，最大限度地帮助客户节省利息支出。这一先进的“双卡组合”，有助于为浙江的私营业主和个体工商户提供一揽子的金融服务。

9.1.2　以行业为市场基础的专业产品

行业专业化是商业银行公司业务专业化的主要内容，也是细化目标客户定位、差异化竞争的重要手段。小企业金融业务同样要依托于行业分析，实施差异化的目标行业定位，以寻求在某一或某几个细分行业中建立领先的金融服务能力，构建比较优势。因此，针对行业设计专门化的小微金融产品是构建商业银行小企业金融产品体系的重要方面。

目前，针对行业设计的小企业金融产品较多，本文仅就高科技、文化创意、节能环保三类行业的特色小企业金融产品进行简要分析。

1. 高科技类行业特色产品

高科技类行业特色产品是指针对高科技类小企业推出的信贷产品。其主要解决的是高科技类小企业资产规模小、担保不足、创新和市场风险相对较大，但资金需求旺盛而引致的“融资难”问题。

高科技类行业特色产品设计的要点是引入第三方机构，例如将高科技园区、中小企业发展基金作为担保，或者采用同类型企业互保、联保模式，化解其抵质押品不足的问题。另外，商业银行需要创新担保模式，引入专利权担保、股权质押等模式，使得高科技类小企业能够通过新型担保方式获得银行授信。

下面以华夏银行“园区贷”产品为例进行分析。华夏银行针对中关村自主创新产业园区推出了一款高科技型企业特色产品，即“园区贷”特色产品组合方案，其中中小企业信用贷款是华夏银行为园区内中小企业提供的无须抵押或担保的特色融资产品，单户授信额度不超过2 000万元，授信期限不超过1年。华夏银行规定：可获得信用贷款的企业包含以下几类：（1）入围“瞪羚”计划的企业，且信用等级达到A级及以上。（2）园区内为国家重大项目提供配套服务的高新技术企业，且信用等级达到A级及以上。（3）新三板企业，且信用等级达到A级及以上。（4）园区内注册的科技型企业，主要结算账户在华夏银行，且开户时间在一年以上，经营收入较高，有稳定的销售对象，且信用等级达到A级。

根据企业的需求不同，华夏银行“园区贷”产品又细分为下列子产品：（1）科技创新质押贷，即以高科技型企业技术专利权、长期科技服务收费权、应收账款权、股权等一系列权利作为质押，并由企业实际控制人提供无限连带责任保证，而为企业发放的信用贷款。（2）风投股权质押贷，即企业用风险投资公司投资所占股权作为质押，并由其实际控制人承担无限连带责任保证，向该企业发放的信用贷款。（3）双引擎龙舟信用贷，园区内企业向华夏银行申请抵押或担保类贷款授信，同时可申请并获得一定比例的信用贷款授信，承载企业更快发展。（4）贸易信用融资贷，园区内科技产品国际贸易型企业，经营收入较好，信用评级A级以上，具有稳定的国外供应商或客户，可根据其国际贸易融资需求，提供信用证项下打包贷款、进口信用证、押汇、进出口代付业务及各类非融资类保函等信贷产品。

2. 文化创意类行业特色产品

文化创意类行业是国家重点支持的产业之一，也是近年发展速度较快、未来发展潜力较大的朝阳行业之一。针对文化创意类行业的小企业，设计专业化的小微金融产品，满足其金融服务需求特别是资金需求，支持其快速发展是当前很多商业银行思考的重要内容。其中，北京银行推出的“创意贷”文化创意系列产品具有重要的借鉴意义。

“创意贷”文化创意系列产品是北京银行专为支持文化创意企业及文化创意集聚区建设而量身定制的特色金融组合产品，旨在满足不同行业文化创意企业的各项融资需求。具体包括设计创意贷款、影视制作贷款、出版发行贷款、文艺演出贷款、广告会展贷款、艺术品交易贷款、动漫网游贷款、文化体育休闲贷款、文化旅游贷款、文化创意产业集聚区建设贷款。

在贷款模式方面，北京银行也进行了诸多尝试。为解决文化创意企业固定资产少、缺少有效担保质押物的特点，北京银行推出了单笔授信、综合授信以及“打包”贷款模式，即以版权为核心质物，纳入企业及法人的其他有形资产并进行组合，根据企业实际需求为企业提供资金支持。

此外，北京银行还接受应收账款质押、未来收益权质押、法人无限连带责任、中小企业联保以及有形资产抵押等担保方式，并对优质的文化创意企业推行信用贷款。推出了适合不同行业领域文化创意企业的专属产品，如适用于拥有未来版权、商标权、自有其他知识产权企业的“智权贷”知识产权质押贷款，以及适用于网络与计算机服务类企业的“软件贷”等。

针对文化创意类贷款，北京银行通过多种措施的实施防范信贷风险。首先，通过选择优质、有发展前景的客户，降低信贷业务风险。其次，通过市场调研、对相关部门和机构的走访、与行业协会联系、聘请行业领域专家进行培训等方式，提高行业认识、客户认知，有效防控风险。同时，通过与中国人民大学国家版权贸易基地、国际版权交易中心等专业机构合作，通过科学的评估模型，为企业拥有的版权提供专业化评估服务。

3. 节能环保类行业特色产品①

2010 年 10 月，国务院将节能环保产业列入七大战略性新兴产业之首以来，各家商业银行纷纷发挥信贷杠杆作用，针对节能环保行业推出特色产品，全力支持“低耗能、低排放、高能效”的节能环保项目，助推节能环保产业做大做强。

融资模式多元发展。大力推广国内保理、信用证、承兑汇票、网络循环贷款等业务品种，满足企业不同生产周期、销售周期的融资需求。如国家开发银行浙江省分行向电除尘行业企业提供履约保函、投标保函授信，促进授信企业迅速扩张规模并成长为行业龙头企业。积极创新特色产品组合和融资模式，促进产业链做大做强。如光大银行推出了集合新能源投资产业基金、绿色零碳信用卡、阳光低碳理财计划的低碳金融服务套餐。广发银行推出了预付款融资、应收账款融资等供应链金融服务产品，支持节能环保产业链、贸易链的上、中、下游企业以及物流仓储企业的业务整合，提升产业链整体竞争力。

节能环保类相关产品中，担保方式积极创新。一方面，适度放宽抵押担保条件，将节能环保企业的专利权、商标权等知识产权纳入授信资产范围，先后推出订单质押、仓单质押、存货质押、应收账款质押、收费权质押、股权质押、排污权质押、清洁发展机制（CMD）等 20 余种新型抵质押模式，满足了不同企业个性化需求。另一方面，对信誉好的节能环保企业积极推行保证贷款和信用贷款，如泰隆商业银行 2011 年 9 月末节能环保产业贷款余额中保证类贷款占比达 99.08%。此外，各家银行在风险可控的前提下，采取适当提高抵押率的方式提高企业授信额度，进一步缓解了部分环保企业因授信资产少而无法获取足额授信支持的现状。

多种渠道，多方合作，合力推进节能环保行业产品研发。一是与专业机构

① 网页资料 http：//finance. sina. com. cn/money/bank/bank_ hydt/20111215/105410998386. shtml。

合作创新特色产品，如浙商银行与隶属于国家财政部的中国清洁发展机制基金管理中心签署《战略合作协议》，共同推出了清洁发展专项理财模式。二是与地方政府合作助推产业转型，如兴业银行杭州分行、招商银行杭州分行等机构以嘉兴等地推进排污权有偿使用为契机，推出排污权抵押信贷业务，助力当地污染物总量控制和产业结构调整。三是与国外银行合作引入先进理念。如泰隆商业银行与德国复兴银行（KFW）合作开发专门针对小型节能环保企业的小额贷款合作项目。

9.1.3 以电子网络为渠道基础的信贷产品

1. 网络贷款产品

网络贷款是近年来商业银行发展小企业金融的重要产品选择之一。网络贷款基于中小企业在各类电子商务平台上创建的网络交易信用。网络贷款是现代商业银行首次突破传统信贷模式，以网上电子商务的信用度评级作为银行贷款发放的重要依据的一次金融创新。在网络贷款中，电子商务平台上的小企业可快速组成稳定的贷款联合体，并且互相明确彼此之间的权利和义务，然后按照银行的要求提供齐全的材料，银行就可以在非常短的时间给予反馈。

案例方面，如中国工商银行、中国建设银行与阿里巴巴合作的网络联保贷款是一种典型的网络信贷产品，主要面对的对象就是小企业。阿里巴巴已建立了一整套信用评价体系与信用数据库，它能帮助银行有效弱化贷款中风险和成本的约束。同时研发建立了一系列应对贷款风险的控制机制，以风险控制为核心，包括对贷前风险预估、贷前资格准入、贷中利用 CTU 系统对风险进行监控和贷后风险处理以及激励等标准流程。如贷后风控，一旦出现坏账，阿里巴巴和中国建设银行将采取极其严厉的惩罚措施，对用户进行“互联网全网通缉”。通过这样的方式，为企业降低了贷款的门槛，让企业得以获得资金支持，同时有效提升了企业的违约成本，从而降低了银行的贷款风险。

目前，以阿里巴巴、网盛生意宝（Toocle. cn）、敦煌网等为首的电子商务企业均通过与银行合作的方式，推出了第三方网络融资服务平台，给国内中小企业提供在线融资服务。电子商务巨头阿里巴巴自 2007 年开始试水贷款业务，依托阿里巴巴电子商务平台，为中小企业提供具有无抵押、低门槛的快速融资服务。2007 年 6 月，阿里巴巴集团与中国建设银行、中国工商银行签约，与银行合作开始共同探索中小企业电子商务新型信贷模式。敦煌网于 2010 年 6 月，与中国建设银行签署战略合作协议，推出“e 保通”网络信贷新产品。

相对于传统金融机构对小企业贷款成本高、评估烦琐等劣势，电子商务企业可以基于互联网数据库管理能力，运用完善的贷款评估与控制流程或模型，在短时间内批量开展对小企业的贷前风险评估、贷中风险监控预警和贷后风险处理等。以风险评估为例，从模型计算的结果掌控其涉嫌欺诈的可能性，从网站的活跃度判断客户的融资需求，从网站的投入情况判断其经营态势，综合这些网站行为数据和企业电子商务经营情况，就能够对客户的风险情况作出精确判断。

小企业数量庞大，业态复杂，融资能力和融资各不相同，而依靠互联网和数据库分析能力发展起来的网络贷款则充分体现了灵活、弹性、多元的特点，能够根据客户的需要开发不同的创新融资产品。

2. 电子仓单融资

仓单除作为一种期现货实物凭证，其金融属性正日益受到重视，成为一种重要的融资工具。商品期现货进入指定交割仓库生成仓单后，仓单相应代表着一定量的标准化商品，所以仓单本身就可以进行抵押或融资。国外许多银行或投资银行都因此成立了结构性商品融资部（SCTF），直接或间接参与仓单交易，并通过具有现货背景的大型贸易商进行融资操作。

电子仓单融资业务作为期货市场上金融领域的业务创新，有利于缓解中小企业融资难问题，促进银行等金融机构通过期现货市场进行业务创新和风险管理，实现银行、企业、期现货公司、仓储公司等主体的利益共赢，对期现货市场发展具有重要意义。目前，各家银行依托期货、现货交易所的标准仓单管理系统，为企业经营发展和银行业务创新提供了较为系统、规范的服务。积极探索仓单融资业务，不断完善现有管理体系，深化为市场主体的服务功能。

案例方面，例如某一网上交易市场，是专业从事某原料大宗商品中远期现货交易的网上交易平台，通过其开创的电子仓单交易模式实现会员产品的网上交易。目前该网上交易市场有 1 000 多家企业入市，年交易额超过了 380 亿元。由于从事网上交易的成员单位大多为中小企业，而且没有办公楼、机器设备等固定资产，因此向银行申贷比较困难。由此，交易规模、频度也受到影响。

光大银行认识到电子商务所蕴藏的巨大商机，积极探索在这一领域开展融资业务。在充分调研的基础上，与该网上交易市场共同搭建了电子仓单质押授信平台。交易市场根据交易商的历史交易情况，向光大银行推荐客户，申请授信额度。光大银行对这一模式下的授信实行批量审批，并分别为交易商核定相应的法人账户透支额度，从而提高交易商的资金实力，扩大交易市场的交易量。

9.1.4 综合化金融服务产品

小企业金融发展的重要内容是从产品销售到金融服务方案提供的转变。伴随着小企业金融服务需求的多样化，商业银行需相应地为客户提供多种金融产品与增值服务相综合的服务解决方案。

一般来说，小企业的金融服务需求不仅包括存款、贷款、支付结算等传统业务，还包括保险、保证、财富管理、财务咨询、管理咨询、技术培训等。这就要求商业银行提供多种类服务的集合，在传统流动资金贷款的基础上加大其他业务拓展，如贸易融资、投资银行、现金管理、财务咨询等。同时，在服务理念方面，商业银行应逐步实现从基于产品驱动到基于客户驱动的转变，以客户为中心，针对客户的个性化需求设计一整套综合性的金融解决方案，提高服务的有效性，提高客户的满意度。

在实践方面，各家银行以国内保理、发票融资、商品融资、订单融资及网络融资等业务为突破口，对其交易链进行深度挖掘，发掘小企业客户群体，设计个性化营销方案，有针对性开展营销。例如，交通银行根据中小企业经营周期和融资需求特点，设计、开发了“生产经营一站通、贸易融资一站通、工程建设一站通、结算理财一站通”四个套餐，每个套餐都涵盖了若干产品组合，总计 14 个系列。这些产品能够满足企业在采购、生产、投标、销售等不同阶段以及国内外贸易、结算等多方面的大部分金融需求。针对有融资需求但尚不符合交通银行信贷政策的中小企业客户，交通银行还与风险投资机构、创业投资基金等机构合作，共同为这些客户提供包括境内外上市在内的直接融资培训与理财服务；针对非法人企业的经营业主，交通银行还特别提供了“展业通”个人经营性贷款供经营业主选择，从而协助企业多渠道获取资金。此外，交通银行还将提供应收账款质押贷款、特许经营权质押贷款、股权质押贷款等一系列贴合中小企业经营特点的新型信贷产品；对资质十分优秀的企业还可视情况给予信用担保贷款。

再如，华夏银行针对小企业的综合金融服务需求，推出了华夏银行小企业金融服务品牌“龙舟计划”，传导“龙舟共济，成就成长”和“融资小快灵”（小——专为小企业服务、快——服务方便快捷、灵——产品灵活多样）的理念，根据小企业不同成长阶段的融资需求特点，规划了“创业通舟、展业神舟、卓业龙舟”三大产品系列，整合了融资、结算、理财等31个产品和服务方案。“龙舟计划”不是单一的产品或服务品牌，是以小企业融资为核心的综合化、全面化的金融解决方案，可满足小企业多样化的金融服务需求。再如，广发银行近年来积极开发面向大型市场商户、大卖场供应商、商会会员等集群客户的综合金融服务方案，包含提供融资、结算、财务顾问、投资理财、公务卡等一揽子金融解决方案，满足小企业客户多元化的金融服务需求，促进小企业发展。

9.2 小企业金融产品核心特点

商业银行应对小企业市场进行必要的细分，制定符合小企业客户特点的市场策略，积极开展产品创新，推出符合小企业不同需求的贷款产品和金融服务。由于小企业具有资产规模小、经营风险大、信息不对称程度高、财务报表不规范等特点，这就要求商业银行在设计研发小企业金融产品时应有专门的设计，包括担保方式应多样化，产品应契合小企业与集群、产业链、供应链联系紧密的特点，要符合小企业发展阶段需求等。

9.2.1 担保方式多样化

抵押担保方式创新是小企业金融产品创新的重要内容。由于小企业普遍资产规模较小，可供抵质押的资产（厂房、土地、存单）较少，加之信用资信评级相对较低，如果依靠传统的固定资产抵押担保模式，多数小企业将被排斥出信贷市场。这就要求商业银行在开展小企业信贷过程中创新担保方式，打破抵押、质押品崇拜，更多地从现金流角度出发，积极运用联保、互保模式，适度发放信用类贷款，创新存货融资、订单融资、应收账款融资、仓单融资等，引入股权融资、专利权融资，拓宽抵质押品范围，扩展符合银行小微金融准入标准的小企业客户范围，使得小微金融产品更加适应小企业的特点。

一是打破抵押、质押品崇拜，更加强调现金流控制和第三方保证。抵押担保的实质是对贷款提供第二还款来源，是对第一还款来源的补充，是在第一还款来源无法按期足额偿还贷款本金的情况下才予以启动实施的。由于抵押、质押物存在监管和执行难的问题，加之相关物权产权法律尚不完善，且抵押、质押物价值的不确定性较大，如果过于依赖抵押、质押物对贷款的担保，一方面无法确保抵押、质押物对贷款风险的完全覆盖。另一方面，可能造成抵押、质押物较少企业被排斥出信贷市场。因此，商业银行在开展小企业贷款时，应适应于小企业可供抵押、质押的资产较少的实际，要转变固有的依靠抵质押提供保障的传统理念，转而更加强调对第一还款来源即现金流的重视，通过对企业现金流构成、规律的分析，结合对各项资产负债的交叉检验，评估申请企业的真正还款能力。在此基础上，确定能否授信，针对性地设计授信方案，以及需要提供的抵押、质押物补充。此外，可以将具有良好业务关系的两家或多家小企业组合起来，形成互保或联保，还可以引入商会、核心企业、市场等第三方提供保证，从而使得更多的小企业能够符合本行的授信准入标准。

二是深入分析小企业的核心资产，有针对性地设计担保方案。在开展小企业信贷、设计研发小企业金融产品过程中，客户经理、风险经理和授信人员在强调标准化的同时又要重视个性化，努力把握好两者的平衡。个性化原则运用的重要一环就是要深入分析每个小企业的核心资产，包括核心资产的构成、总量以及与收入结构的关系，继而相应为客户设计个性化的担保方案。比如，处于核心企业下游的代理商、销售商，其核心资产包括预付款、存货、代理权等，商业银行就能以此种类核心资产作为标的物，有针对性地设计发票质押、存货质押、应收账款质押、代理权质押等担保方案。再如，处于核心企业上游的原材料提供商，其核心资产为应收账款、供货合约，商业银行可有针对性地设计应收账款融资、订单融资，创新担保方式。再如，针对市场中的商户，其核心资产之一就是承租权，银行可就此资产设计质押方案，作为融资担保。

三是拓宽抵质押品种类范围。要打破传统抵押、质押物的传统种类限制，除了土地、厂房、设备、存货、存单外，还要引入股权、商铺承租权、订单、仓单等作为新型抵质押物，积极开展商标专用权、专利权、著作权等知识产权中的财产权质押，小企业业主或主要股东个人财产抵押、质押等，从而使得更多小企业能够提供相应的抵押、质押品。

9.2.2 契合小企业的集群、产业链、供应链经营特点

产品开发方面，小企业金融要紧密围绕小企业的集群、产业链、供应链经营特点进行针对性的产品方案设计研发。应针对不同客户集群分析其内在关系网络，界定集群、产业链、供应链内各主体承担的相应责任义务，确定具有较大影响力的关键主体，与之开展战略合作，依托其关系网络和影响力，开展批量化服务。

一是分析确定集群、产业链、供应链内的关键主体，与之开展战略合作。需要根据本地区的优势市场、行业、商圈、工业园区、商会分布，初步圈定拟营销的目标集群，并进一步分析集群内各主体的地位、影响力和相互关系，找出核心企业、关键主体，上门开展接洽，了解银企、银商合作的可能性，取得共识，在此基础上，制定战略合作方案，签订履行。

二是产品方案要明确各主体在合作中的责权利关系，要求落实到位。进一步研发针对该集群的产品方案，方案中需明确产品面向的对象、各主体的责权利关系、需要提供的各项材料、流程环节等内容，以便产品方案具有可操作性和约束性。在产品方案的内容中，需区分开适于整个集群营销的标准化条款和适于某一个体的个性化条款，以便开展针对性营销。

三是在标准化金融产品的开发和设计时要内嵌风险控制条款，如专业市场集群业务模式等需要发挥平台（市场管理方）对平台内小企业的约束力，并防止平台脱钩产生的风险。再如，供应链金融模式下，应要求核心企业能接受连带责任保证、回购担保、退款承诺等，以增强核心企业对上下游小企业的约束作用，起到信用增级保障功能。

四是标准化产品设计时应强调针对不同客户群体、基于客户不同成长阶段的差异化需求进行设计，既要考虑“集群性”，以便进行标准化、流程化和批量化生产和销售，又要考虑风险分散功能，对不同行业、区域以及抗经济周期能力进行组合设计（见表9-1）。

表9-1　　基于不同客户集群的产品开发方向举例

业务模式	核心内容	客户群体	风险控制要点
专业市场集群业务模式	与专业市场管理公司签订《战略合作协议》，通过市场管理方介入一些排他性的金融产品；对经营户提供贷款的同时，开发支持即时到账的结算工具	专业市场经营户	以摊位使用权抵押贷款为主，其他担保方式为辅
配套企业集群、楼宇金融开发模式	与大型龙头企业、楼宇业主或管理方签订三方协议，对配套企业、楼宇商户提供授信和相关服务	优势产业配套中小企业群、商业楼宇的商户	以配套企业应收账款、楼宇租金收入为风险控制核心
供应链金融模式	与核心企业合作，对供应链中的上下游企业提供全面金融服务	主要是围绕核心企业的供应商、小型零售商	核心企业能接受连带责任保证、回购担保或退款承诺方式

续表

业务模式	核心内容	客户群体	风险控制要点
商会联保授信业务模式	与各商会、协会合作，联保小组担保，向成员发放贷款	商会、协会成员	以商会会员联保为主
园区整体开发模式	与工业园区、开发区管委会等合作，整体开发入驻园区、开发区的企业	工业园区、开发区内中小型企业	以园区企业联保、担保公司担保为主
区、县产业经济带业务模式	与区县政府部门合作，开发县域特色经济带企业群	区、县域特色经济带企业群，新农村经济群	根据不同产业群确定风险控制方式

资料来源：潘华富，蒋海燕：《“信贷工厂”模式的探讨——突破小企业信贷融资困局的银行解决思维》，载《浙江金融》，2009（5）。

9.2.3 符合小企业所处发展阶段要求

商业银行要根据小企业创业、成长、发展、成熟等不同发展阶段中的不同需求，将“以客户为中心”和“小企业全面金融服务”理念真正嵌入制度和流程，基于客户细分、市场细分和客户贡献度差异设计满足客户多样化需求的产品组合。

具体实践方面，2009 年初，中国建设银行率先在同业中推出了金融全面解决方案——FITS（Financial Total Solution），该产品主要是由建设银行及其投资银行业务平台建银国际，根据政府机构、大型企业、中小企业、个人客户的不同情况和投融资需求，综合运用中国建设银行的传统商业银行、新型投资银行、基金、理财、租赁、信托等各种产品和工具，整合成全面的、个性化的金融服务方案，以最快的速度、最小的半径解决客户的金融需求。

中国建设银行的全面金融解决方案可帮助小企业在不同的发展阶段获得适合的融资服务。

对于种子期的企业，其主要需求是创业资金和基本的银行服务，可以通过协助企业引入天使投资和创业引导基金解决资本金需求，同时为其提供资金结算和账户管理等基本的银行服务。

对于创业期的企业，其主要需求是资本投资以及与银行建立经常性业务联系。在寻求资本投资方面，银行可以为企业提供直接投资，或帮助寻找风险投资基金，还可以提供订单融资、设备融资租赁等业务。在经常性业务方面，可为企业提供财务顾问、现金管理、国际贸易结算、电子银行等服务。

对于成长期的企业，其融资的需求逐渐加大。建行可为企业提供直接融资和间接融资的整合服务，全面满足企业的资金需求。为企业提供综合的融资顾问服务，帮助企业进行信用评级和资产核定，配套以信贷支持。还可为企业开辟更多的融资渠道，比如改制重组、海内外创业板上市、信托融资、直接投资、基金投资等。

对于成熟期的企业，其致力于寻找持续增长的机会，并购活动和重大投资行为会相应增加，并由此产生更为复杂的金融需求。建行可为企业提供银团贷款、境内外创业板及中小板IPO、股票增发和配售、非公开发行股票、企业债券等融资产品。还可提供并购重组、股权投资、股权投资基金、股权回购、资产管理、理财产品等服务。

9.3 主要案例

9.3.1 民生银行“商贷通”①

1. 产品概括

“商贷通”是民生银行2009年推出的为中小企业主、个体工商户等经营商户提供的快速融通资金、安全管理资金、提高资金效率等全方位的金融服务产品，也是民生银行进军小企业金融服务领域的重要一步，对于解决中小企业融资难问题具有重要意义。

2. “商贷通”的主要特点和运营模式

“商贷通”实质上是个体经营性贷款，其最大特色是将银行业通常在企业贷款部门办理的小企业贷款业务，归类为“商户融资”范畴，并转移到了零售银行部门办理。银行风险审批的重点为个人资信状况，创新了包括抵押、互联互保、应收账款质押、信用等在内的11种担保方式，使得贷款手续大为简化，贷款效率大大提高。

（1）“商贷通”的主要特点。大多是流动资金贷款，贷款周期短，周转频率快，推出以来获得良好的市场反响，也提升了收益率。其业务特点为：用款方

① 林波：《民生银行：小微企业贷款成就“小微企业的银行”》，载《WTO经济导刊》，2010（5）。

便，还款灵活，担保方式多样，抵押乘数高，评估费率低，增值服务多样化。

（2）“商贷通”的运营模式。“商贷通”与传统的针对大客户的业务不同，要想做好一定要在理念与方式上有所突破。“商贷通”对开展商户融资业务坚持“两个整合、一个原则”。两个整合即一个是外部整合，一个是内部整合。外部整合就是把政府、街道、工商、税务、行业协会整合起来，借助第三方信息资源，结合政府对专业市场的布局规划与管理来设计自己的产品，在满足客户需求的同时，尝试创造客户需求。另外是银行内部的整合，把网上银行、信用卡，包括授权、授信等内容全部整合起来，使内外整合要实现规模化、规范化、流程化、标准化的原则。

3.“商贷通”如何实现盈利和风险管理的共赢

“商贷通”是针对小企业的零售业务，虽然在此领域市场巨大，但是想要真正从中盈利，需要改变以前的业务模式，并解决风险控制的问题。只有实现了规模化运作和风险管理的良好平衡，实现收益覆盖风险，才能实现盈利和风险控制的双赢。

一是开展全新的零售业务模式。以规划为前提，以重点区域为半径，以重点行业为落脚点；以标准化、规范化实现“信贷工厂化”作业；坚持“规划先行、批量营销、标准作业”的准则，从而实现零售业务批发做。

二是风险管理实现五大改变。在风险管理上主动求变，强调规划先行、批量开发、简化操作；区分标准类产品和非标准类产品，实行不同的管理政策；流水作业，减少重复劳动，提高效率；量化分析与专业经验相结合，批量作业；建立适应的商户贷款业务的贷后管理流程。

三是引入“大数法则”，有效解决规模与风险问题，实现收益覆盖风险。

四是设置“商贷通”业务的风险容忍度。依据区域发展目标，建立风险资产转化和快速处理机制，实现强制剥离，专业处置。

4.“商贷通”运行中存在的问题及其解决办法

在“商贷通”业务的拓荒初期，遇到的最主要的问题包括从业人员市场经验不足、后续跟进体系不健全等。在大型银行因为风险高、利润低而忽视小企业贷款的市场背景下，民生银行“商贷通”如何做好风险控制？“商贷通”如何降低单笔贷款的管理成本？

首先，“商贷通”业务将大数法则运用到了其风险控制当中，从甄选客户环节就开始注重防范风险。在项目规划阶段、产品设计阶段，就开始考虑贷款的风险管理，做好客户分级、产品对应设计和产品定价等方面的工作；在贷款发放后，通过商圈客户的交叉信息验证，担保人的监督等“外部资源整合”，构建一张密集的贷款监控网络。风险控制前置和后置结合，通过对整个贷款流程的梳理，实现全过程的风险管理体系，为简化贷中管理创造了条件。其次，初步运用“信贷工厂”模式，对标准产品和非标准产品实施差异化的管理流程，有效控制授信风险。同时对银行员工审查审批岗位进行细化和明确提高审批效率；对客户进行分类管理提升客户服务水平和资产质量。

民生银行已明确，未来“商贷通”将逐步采取“信贷工厂”的模式运作，以实现规模效益。伴随着商贷通业务整合工作的基本完成，新的销售模式、工厂化作业流程、贷后服务及管理等关键环节逐渐清晰，民生银行将进一步提升管理水平和核心竞争力，支撑“商贷通”业务健康发展。

9.3.2　华夏银行“龙舟计划”

“龙舟计划”是华夏银行根据中小企业成长不同阶段的融资需求特点，从担保方式、贷款期限、利率定价、还款方式四个方面进行创新，为中小企业量身打造的小企业金融产品组合。“龙舟计划”包括“创业通舟、展业神舟、卓业龙舟”三个系列31个产品。“龙舟计划”最核心和最显著的特点是“小、快、灵”。“小”，是指专为中小企业服务；“快”是指服务方便快捷；“灵”是指产品灵活多样。华夏银行用“龙舟计划”重点批量拓展产业链上下游客户、特定的市场批量拓展客户、电子网络客户、板块客户等五类小微客户。

“创业通舟”主要针对创立初期、尚未建立起有效的企业信用，面临担保不足、融资难问题的小企业，具体包括联保联贷、接力贷、国内供应链等金融产品，3～7户小企业自愿组成一个联合担保体，联保小组成员之间协商确定授信额度，向华夏银行联合申请授信。联保联贷对小型的科技园区、行业协会、商会和一些批发市场的中小企业客户较适用。

“展业神舟”主要针对规模扩张迅速，要求融资速度快、使用灵活、产品多元化的成长期小企业。在此阶段，小企业可以根据自己的需要来选择贷款时间的长短，融资金额高低。“展业神舟”包括快捷贷、循环贷、票据置换等金融产品。“快捷贷”是指对融资需求紧急、能够提供银行认可的特定抵押物为担保的企业，华夏银行可以第一时间批贷，适用于融资需求紧急，企业和实际控制人信誉良好的小企业客户，最快的可以实现一天办好1 000万元以下的融资。

“卓业龙舟”针对发展已达到一定规模、社会信用度较高、有较为完善的财务管理、希望降低财务成本、实现持续快速增长需求的小企业，包括增值贷、网络自助贷、法人按揭贷等金融产品。“增值贷”能帮助一些优质小企业客户在其主贷期间提供多种类贷款增值服务，以解决其临时资金短缺的问题。例如在主贷发放一段时间之后，如果企业临时短缺小额资金，按主贷金额的一定比例给借款人再发放一部分贷款，无须抵押担保，仅需实际控制人提供连带责任保证。

此外，2011 年，华夏银行在全国启动“小企业成长加油站”活动，举办了多场免费金融讲座，邀请金融专家现场为小企业发展提供灵活的融资方案。这也是华夏银行“龙舟计划”的一部分，此项活动探索性提供包括财务顾问、税务筹划、客户培训、管理咨询等在内的多元化非金融服务，引导中小企业制作规范的财务报表，提升中小企业财务管理水平，增强中小企业信用度，从而帮助小企业实现更顺利地融资。

结　论

本书在分析当前我国小企业金融的发展现状、所处环境、存在问题的基础上，分别从组织架构、业务管理、信贷技术、营销策略、风险管理、人力资源管理、客户管理、产品体系八个方面总结国内外先进银行的案例做法和发展经验，分析研究中小银行小企业金融服务各模式的相关原理、关键环节、具体策略、方案设计等，探析中小银行构建具有竞争力的小企业金融服务体系的模式。

在上述研究的基础上，本文得出以下主要结论。

1. 小企业金融是中小银行的核心战略选择。小企业金融有助于中小银行差异化竞争、培育核心竞争力。

2. 组织架构方面，中小银行应明确小企业业务的事业部改革的战略方向。改革初期，转变原有的职能型组织架构，着力构建矩阵型准事业部制组织架构。中期，继续强化小企业业务条线的专业化经营管理能力。远期，实现小企业业务的标准事业部制架构。

3. 业务管理方面，中小银行小企业金融服务应借鉴“信贷工厂”模式经验，强化操作标准化、授信审批流程化、贷后管理集中化、信息搜集多元化，并以科技创新支撑业务管理改革，努力实现专业化、批量化和流程化管理。

4. 信贷技术方面，初期，中小银行可重点发展单人单户分析技术和交叉检验技术；中远期，积极完善客户信息管理，建设数据集中仓库和统计分析模型，在渐进模式下逐步推广客户评分法。

5. 营销策略方面，批量化、集群化营销模式是中小银行小企业业务的重要选择。发展初期，立足于挖掘本地专业化商圈市场，针对本地特色商品交易市场、商业街区实施重点的集群营销；中期，采取以点（专业市场）带线（产业链、供应链）策略；远期，采取以线（供应链、产业链）扩面（协作行业、相关行业）的营销策略。

6. 风险管理方面，中小银行小企业金融要突出行业组合风险分散管理和企业间风险分担转移，力求实现从“物质信用”到“人文信用”、从“单体风险管理”到“组合风险管理”、从“强调第二还款源”到“强调第一还款源”的三个转变。

7. 人力资源管理方面，小企业金融要完善人才队伍的专业化建设，在招聘标准的制定、培训内容的选择、考核指标的设定等方面突出区别化，建立具有较强激励约束作用的薪酬和考核体系。

8. 客户管理方面，中小银行要从行业、企业两个维度明确目标客户定位，实施差异化的客户服务，突出对客户服务的全流程管理，并着力构建以“信义关系”为代表的客户关系。

9. 产品体系方面，小企业金融产品设计要契合小企业集群化发展特点，要符合小企业所处发展阶段特征，突出担保方式的多样化，并强化综合化金融服务体系的建设。

附　录
晋商银行小企业金融服务经验简介

2009 年 2 月 28 日挂牌运营的晋商银行，坚持在继承中开拓、创新中发展，经过三年的积极进取，已经从一家规模偏小、经营状况较差的市级城商行逐步成长为在全国城商行和全省金融同业中具有一定影响力的股份制商业银行。挂牌以来，晋商银行以传承晋商文化精髓、营造诚信金融环境为己任，用“诚信、敬业、守纪、和谐、创新、发展”的企业文化凝聚团队，着力打造具有较强竞争力和影响力的民族品牌银行，有力地促进了各项业务的跨越发展。

“以义制利”是晋商特有的诚信文化，主张一守信、二讲义、三取利。作为晋商文化的传承与发展者之一，晋商银行在服务支持小企业发展的实践中，创造性地将“以义制利”的诚信经营思想融入小微金融业务，坚持把小微业务作为全行战略转型的重点，把小企业作为值得信赖的目标客户群体，视为未来发展的重要增长点，按照特色化经营、专业化管理和精细化服务的发展思路，秉承“融资、融信、融通”义利中和的经营理念，以发挥小微金融中心作用为推手，实行专门的机构、专业的人员专营小微业务；以“信义贷”“义融通”产品为载体，传播诚信文化；以“诚相守、义相待”为准则，加强客户关系维护，营造诚信氛围，积极探索用“以义制利”的诚信文化推进小微业务的特色经营模式。2012 年 1 月至 9 月，全行累计为 3 062 户小企业发放贷款 61.47 亿元，余额达到 79.7 亿元，已经占到全行各项贷款余额的 28.52%，用实际行动履行着“诚信助推小企业发展”的社会责任，加快推进“以义制利”的诚信文化建设，走出一条以诚信为特色的服务支持小企业发展的新路子。

晋商银行在“以义制利”推进小企业发展方面主要有以下几方面经验、

思考和做法。

一是践行“诚信塑造品牌”的发展理念，打造“诚信为基”的小微产品体系。

小企业发展中面临的一个主要问题，是融资难。融资难的核心，是落实抵押担保难，融资成本高。传统信贷业务要担保、要抵押，相应产生的抵押物评估、登记费用、担保中介费用，对小企业经营者造成不小的负担。而传统银行业务出于节约成本、降低风险的考虑，往往更倾向于“傍大款”“垒大户”，对缺乏足值抵押物、处于经济金字塔最底层、最庞大的经济细胞——小企业群体避而远之，远远无法满足小企业“商机易逝”和贷款需求“短、小、频、急”的特点，成为了小企业发展的拦路虎。

如何才能破解这一难题？晋商银行汲取传承百年的“以义制利，义利相济”这一晋商文化精髓，在经济形势异常复杂的背景下，毅然决定以全新的思维、创新的手段，以承担起更多社会责任的决心，开发小企业这片“蓝海”，寻求差异化发展道路，以客户诚信度为第一考量标准，为小企业量身定做了“信义贷”“义融通”金融产品。

“信义贷”金融产品，通俗讲应该称做“无抵押、无担保贷款”，是一种建立在客户诚信基础上的、以现金流还款来源为核心的“信用贷款”。

“义融通”金融产品体现了“相知、相与、相共”客户至上的服务理念。包括了基于信用融资的“信融通”、基于知识产权融资的“智融通”，基于第三方信用担保的“保融通”等多个子产品。

二是践行“诚信赢得客户”的服务理念，打造“诚信为本”的小微服务团队。

为了解决小企业融资难的问题，晋商银行根据中国银监会提出的“六项机制”要求，针对小企业融资需求特点，成立了小企业金融服务中心。晋商银行小企业金融服务中心细分为小企业金融部和微小企业金融部，并贴近商圈和市场建立了多个区域服务中心和微贷团队。

为了全面推进小微业务，坚持以信义精神为主导，组建了一支近200人的讲求诚信、廉洁高效的小微团队。团队建设理念是“先做人，后做业务”。在提高业务技能的同时，更注重员工道德水平的提升。通过“晨会”“夕会”和参加义工活动等形式把服务客户、回馈社会的理念根植于员工的思想之中。出台了客户经理廉洁自律的“十大禁令”等行为规范，坚守“不吃客户饭、不喝客户水、不坐客户车”的“三不”纪律，用不懈的努力营造“我为人人”

的服务氛围。

为了作出小微业务的特色，晋商银行打出了“信义”的旗帜。“信义”是对晋商银行小微业务的要求，用真诚帮助他人、平等对待各行各业的人，廉洁、高效地为包括社会基层民众、弱势行业在内的众多小企业提供资金支持。同时，“信义”也是晋商银行小微业务对客户的要求，只有拥有好人品、好声誉的人，才能成为晋商银行小微业务的客户，才能得到晋商银行的资金支持。可以概括为两句话：“用我们的真诚换取客户的信任，用客户的诚信换取银行的信用”。

为了顺利推进小微业务，晋商银行建立了小微团队和分支行的对接机制，由分支行推荐大中型客户的上下游小微型企业。与省、市中小企业局签订战略合作协议，与信用担保机构签订贷款担保业务合作协议，搭建出一个良好的小企业融资平台，或由专业商会推荐，为商圈、产业供应链、商会会员的商家提供融资支持。更重要的是，依靠小微金融服务团队的客户经理，挖掘第一手客户，上门送贷。晋商银行发放的小微贷款最低额度为 3 000 元，最高为 500 万元。还款方式也根据客户的实际情况，灵活设置，真正做到了对小企业的贴心服务和鼎力相助。此外，为了帮助小企业解决金融知识掌握不全面，银企信息不对称等问题，晋商银行主编并发行了《中小企业金融知识读本》，力求从文化和专业的角度宣传和普及金融知识，以诚信为基础，为银企沟通提供共同的认知标准和品牌语言，更好地促进银企之间的良好合作。

三是践行“诚信创造价值”的经营理念，打造“诚信为根”的小微贷款流程。

诚信创造价值，不仅体现在营业收入的增加上，更主要体现在经营风险的防控上。实践中，我们以合规文化建设为重点，建立了一整套以诚信为依托的风险防控体系。

在调查方法的选择上，采用了“望、闻、问、切、断”的五步法。望，就是看企业主和企业员工的精神和工作状态，企业和企业主的经营和办公环境，以及企业的设备、产品、库存等，做到眼见为实；闻，就是听其言观其色，多角度地了解周边对借款人和担保人的情况反映，做到兼听则明；问，就是通过富有成效而且有针对性的调查，了解客户的经营状况、财务数据、经营技能、价值取向、经营历史及现状、经营计划等，做到知己知彼；切，就是运用得来的证据，验证客户所说的数据，掌握客户潜在信息，做到了然于胸；断，就是综合“望、闻、问、切”所得材料，最终判断客户的经营能力和还款能力，做到有的放矢。同时，把企业“当家人”的个人诚信，作为防控信用风险的基础手段。为了体现家庭和社会责任，我们积极完善家庭信誉（道义）担保和多户联保，使更多的相关方体验诚信的价值。

在调查技术的把握上，实行了“二进二见三制表，两访三问三核实”的独特方法。简言之，就是进门店、进库房，见借款人、见借款人家人，制损益表、资产负债表、交叉验证表；访借款人、访借款人家人，问借款用途、问销售、问毛利，并通过现场调查直接核实三问的结果获得验证，然后整理和分析所需信息，测定借款人的负债偿还能力。此外，晋商银行建立了客户经理 AB 岗决策、根据权限矩阵决策和贷前预审、单人审批，实行“一票否决制”。

在信贷风险的把控上，做到了“四关注三掌握”，即关注小企业的经营背景、关注其实际控制人的信用记录、关注其贷款意图的真实性、关注资金需求的合理性；时刻掌握客户的经营发展变化情况、掌握贷后客户资金使用情况、掌握客户业务发展对资金的新需求。注重第一还款来源，并将第二还款来源作为安全补丁和定价的参考。同时，通过严格控制授信额度，从严管控信用风险。目前，晋商银行 486 户小企业的平均贷款为 262 万元，2 260 户微小企业的平均贷款为 26.87 万元。此外，注重坚守诚信道德底线，十分重视小微营销团队的道德建设，不断丰富合规文化内涵，专门设定了小微业务不良贷款容忍度指标，不良贷款考核扣分的“无限制”规则，通过考核机制规范员工行为，防范道德风险。

参 考 文 献

[1] 陈冬，唐建新：《美国信用评分与小企业贷款研究》，载《武汉大学学报（哲学社会科学版）》，2007（6）。

[2] 陈晞：《“小银行优势”的理论突破与实践新发展》，载《金融与经济》，2010（10）。

[3] 邓超，胡威，唐莹：《国内外小企业信用评分研究动态》，载《国际金融研究》，2010（10）。

[4] 冯瑶：《供应链金融：实现多方共赢的金融创新服务》，载《新金融》，2008（2）。

[5] 顾海峰：《小企业金融发展的创新路径研究——信贷配给视角下银保风险协作机制的建构》，载《山西财经大学学报》，2010（1）。

[6] 高燕：《我国商业银行事业部制经营研究》，山东大学，2006。

[7] 胡君晖：《行为金融视角下中小企业融资困境研究》，华中科技大学，2011。

[8] 胡跃飞：《供应链金融与中小商业银行的竞争策略》，载《银行家》，2009（2）。

[9] 陆岷峰，张惠：《商业银行中小企业信贷专营机构模式研究》，载《玉溪师范学院学报》，2010（12）。

[10] 李扬，杨思群：《小企业融资与银行》，上海，上海财经大学出版社，2001。

[11] 李伟：《小企业发展与金融支持研究》，北京，中国经济出版社，2004。

[12] 李镇西：《小企业金融服务研究》，北京，中国金融出版社，2011。

[13] 李伟：《我国区域性股份制商业银行小企业信贷业务管理的研究》，北京交通大学，2010。

[14] 林春山：《“信贷工厂”模式的运作机理研究》，载《新金融》，2009（10）。

[15] 林毅夫，李永军：《中小金融机构发展与中小企业融资》，载《经济研究》，2001（1）。

[16] 林冶洪：《国内商业银行事业部制改革初探》，载《银行家》，2008（5）。

[17] 钱水土，黄震宇：《信用评分模型在中小企业信贷评估中的应用》，载《商业经济与管理》，2004（2）。

[18] 宋旭琴：《事业部制结构的起源与发展研究》，载《商业研究》，2006（21）。

[19] 汤曙光，任建标：《银行供应链金融：中小企业信贷的理论、模式与实践》，北京，

中国财政经济出版社，2010。

[20] 吴晓辉：《探析商业银行事业部制改革》，载《银行家》，2008（2）。

[21] 王朝弟：《小企业信贷配给的阶段性约束及体制内优化》，载《金融研究》，2006（12）。

[22] 谢玲玲：《国内商业银行事业部改革理论动因与实践难点》，载《上海金融》，2009（7）。

[23] 俞建国：《中国中小企业融资》，北京，中国计划出版社，2002。

[24] 杨晏忠：《论商业银行供应链金融的风险防范》，载《金融论坛》，2007（10）。

[25] 张圣平，徐涛：《内生障碍、关系融资与中小企业支持．经济活页文选（理论版）》，2002（21）。

[26] 张捷：《结构转换期的小企业金融研究——理论、实证与国际比较》，北京，经济科学出版社，2003。

[27] 张伟：《微型金融理论研究》，北京，中国金融出版社，2011。

[28] 张庆珂：《"信贷工厂"在我国的发展路径选择——以区域银行为主导的模式》，载《西南金融》，2010（4）。

[29] 周纯敏：《商业银行对供应链融资的风险管理》，载《山西财经大学学报》，2009（2）。

[30] 黄志凌：《组合风险管理——现代商业银行风险管理的发展方向》，载《中国金融》，2010（2）。

[31] 潘华富，蒋海燕：《"信贷工厂"模式的探讨———突破小企业信贷融资困局的银行解决思维》，载《浙江金融》，2009（5）。

[32] 林波：《民生银行：小微企业贷款成就"小微企业的银行"》，载《WTO经济导刊》，2010（5）。

[33] 许学军，沈旭勇：《商业银行中小企业贷款业务》，上海，上海财经大学出版社，2010。

[34] Berger A. N.，Saunders A.，Scalisej M.，Udell G. F.. The Effects of Mergers and Acquisitions on Small Business Lending. Journal of Financial Economics，1998，50（2）：1872229.

[35] Cole，R. A.，Walraven N.. Banking Consolidation and the Availability of Credit to Small Business. Board of Governors of the Federal Reserve System Working Paper，1998.

[36] Peek，J.，Rosengren E. S.. Small Business Credit Availability：How Important is Size of Lender. Financial System Design Reconsider，1996.

[37] Strahan，Weston. Small Business Lending and Bank Consolidation，Current Issues in Economics and Finance. Federal Reserve Bank of New York，1998（2）.